KB002476

유대인이 대물림하는

부자의 공리

Secrets of Jewish Wealth Revealed

Copyright ⓒ2010 Rabbi Celso Cukierkorn
All rights reserved.
Korean Translation Copyright ⓒ2014 BooksNUT

First published in the United States by Adat Achim Synagogue.
Korean language edition published by arrangement
with Adat Achim Synagogue and Rabbi Celso Cukierkorn.

이 책의 한국어판 저작권은 랍비 셀소 쿠키어콘과 독점 계약한 북스넛에 있습니다.
저작권법으로 한국에서 보호받는 저작물이므로 무단 전재와 복제를 금합니다.

서평 이외의 목적으로 이 책의 내용이나 개념을 인용할 경우,
반드시 출판사와 저자의 서면동의를 얻어야 합니다.
서면동의 없는 인용은 저작권법에 저촉됩니다.

Secrets of Jewish Wealth Revealed

유대인이 대물림하는 부자의 공리

랍비 셀소 쿠키어콘 지음 | 이미숙 옮김

북스넛
Booksnut

옮긴이 **이미숙**

계명대학교 영어영문학과를 졸업하고 동대학원 영어영문학과 석사학위를 취득했다. 현재 번역 에이전시 엔터스코리아에서 출판기획 및 전문 번역가로 활동하고 있다. 주요 역서로는 『데일 카네기의 인간관계론』, 『부의 지도』, 『부자 선언』, 『스토리를 훔쳐라』, 『글로벌 트렌드 2030』, 『독재자의 핸드북』, 『사업 성공의 길. 1:성공전략편』 등 다수가 있다.

유대인이 대물림하는
부자의 공리

1판 1쇄 발행 | 2014년 3월 10일
2판 1쇄 발행 | 2017년 2월 20일

지은이 | 랍비 셀소 쿠키어콘
옮긴이 | 이미숙
발행인 | 이현숙
발행처 | 북스넛
등 록 | 제2016-000065호
주 소 | 경기도 고양시 일산동구 호수로 662 삼성라끄빌 442호
전 화 | 02-325-2505
팩 스 | 02-325-2506

ISBN 978-89-91186-83-5 03320

머리말

유대인이 당신이라면

미국인들에게 1950년대는 물질주의 시대의 전형이었다. 이 시기에 경제는 상승했고 사람들은 하얀 나무 울타리가 둘러쳐진 앙증맞은 집을 손쉽게 살 수 있었다. 1960년대는 사회적 과잉의 시기였지만 경제는 지속적으로 성장했다. 1970년대에 들어서는 경제적으로 침체기를 맞은 나라가 많았고 실업 또한 늘어났다. 이후 1980년대에 미국 경제는 다시 성장 가도를 달렸으며 그 시기 동안 기업들은 새로운 자유를 만끽했다. 이 새로운 자유는 1990년대에 개개인에게 새로운 부를 안겨주었는데, 그 결과 하얀 울타리 집이 더 이상 성에 차지 않게 되었다. 2000년대 초반 주식시장 붕괴와 2000년대 후반 주택시장 거품이 발생한 것은 바로 이런 탐욕 때문이었다. 새 천년은 이제 두 번째 10년을 달리고 있다. 지금 세계는 불확실과 침체의 시대이면서 동시에 새로운 기회와 가능성도 열리고 있다.

이런 우여곡절을 거치면서 지난 수십 년 동안 가치관은 변했으나 한 가지 변하지 않은 사실이 있다. 바로 어떤 환경에서도 부富를 일궈낼 수 있는 유대인의 능력은 여전하다는 것이다. 우리가 사는 지금의 시대가 안고 있는 불안과 불확실성을 고려한다면 유대인들의 부를 쌓는 능력은 과거 어느 때보다도 더 중요하게 느껴진다.

오늘날 대개의 사람들은 20대 중반이면 사회생활을 시작한다. 자신의 손으로 직접 돈을 벌기 시작하는 것이다. 그리곤 거의 60세에 이르기까지 개인의 경제활동은 지속된다. 이때 가장 현실적이고도 절실하게 필요한 것이 돈을 다루는 흔들림 없는 신념이다. 아무리 사회가 변화하고 경제 위기가 휩쓸고 지나가더라도 그 저변에는 변하지 않는 금전의 원리가 존재한다. 거의 주기적으로 요동치는 경제의 풍랑에 휘둘리지 않으면서 자신과 가족을 지켜낼 수 있으려면 적어도 돈을 관리하고 유지하는 원칙은 가지고 있어야 한다.

그리 많지 않은 월급을 가지고도 충분히 빠르게 부자가 되어가는 유대인들을 보면, 그들이 돈을 관리하고 불리는 능력만큼은 소문대로 매우 뛰어난 것 같다.

흔히 경제지식과 사업적 노하우를 제대로 터득하면 부자가 될 수 있다고 말하지만, 유대인들은 그것과는 사뭇 다른 돈의 개념을 가지고 있다. 나 역시 한 사람의 유대인으로서 어릴 적 집에서 배운 것과 유대 사회의 상식에 비추어 볼 때, 유대인으로서 내가 배웠던 것들은 바깥세상 非유대 사회에서 가르치는 돈의 개념과는 상당한 차이가 있다.

유대인들이 대물림하는 돈의 원칙이란 그들이 때로는 목숨을 걸어 지키고 때로는 자손에게 번영을 물려주기 위해 가르쳐온, 부자가 되는 데 절대적으로 필요한 공리axiom | 널리 검증된 원리들이다. 유대 사회에서 돈의 헌법처럼 여겨지는 이 공리들에 대해 유대인들은 그 주제가 등장할 때마다 삼삼오오 모여 토론을 하고 서로 자연스럽게 경험을 나누었다. 게다가 이 공리들에는 대부분 세상의 통념과는 정반대의 메시지들이 담겨 있다.

사람들이 스무 살 이후 스스로 돈을 벌기 시작하면서 맞닥뜨리는 첫 번째 장벽은 그것을 어떻게 관리하고 유지해야 하는가에 대한 막막함이다. 자동차를 사는 데 얼마를 써야 할까? 집을 구입하는 가장 현명한 방식은 무엇인가? 은퇴 계획은 어떻게 세워야 할까? 지금 올바른 방향으로 가고 있는지 어떻게 확인할 수 있을까?

여러 가지 질문을 떠올리지만, 모두가 찾는 대답은 사실 한 가지이다. 부유해지는 데 도움이 되도록 일을 처리하는 방법, 바로 그것이다.

재정적인 부에 대해 말할 때 우리는 주로 물질적인 부유함을 추구한다. 하지만 진정한 부유함이란 영적인 수준에서 비롯되며 거기에 충실할 때 물질적인 세계로도 더 쉽게 옮겨갈 수가 있다. 이 개념의 진정한 의미를 이해하고 실천하는 것이야말로 어쩌면 부를 얻고 누릴 수 있는 가장 확실한 방법인지도 모른다.

하지만 나는 가장 현실적인 이야기를 전하기 위해 이 책을 썼다. 지평선 너머의 노을빛에 관한 이야기가 아닌, 오늘 당장의 생활비 문제와 현명한 소비생활, 월급으로 부자가 되는 방법들을 이야기하고 싶다.

책을 쓰는 일은 장대한 탐구 여행이었다. 나는 먼저 유대인인 사업가, 의사, 변호사, 정치가 등 시나고그유대 교회당에서 만날 수 있는 모든 사람들에게 질문을 던졌다. 신자들은 랍비인 내게 자신의 성공담과 실패담을 흔쾌히 이야기했다. 문제를 해결하거나 개인 재무관리에 대한 자신의 성공담을 함께 나누고픈 마음으로 그들이 먼저 나를 찾기도 했다. 그렇게 수년이 흐르자 내가 만난 많은 유대인들의 개인적인 경험담들이 풍부한 정보로 변화했다. 결국 돈에 관한 그 모든 진리들은 유대인들이 대물림하는 '부자가 되는 공리' 라는 주제로 정리되기에 충분했다.

이 단순한 원리들은 개인의 재정을 스스로 통제할 수 있게 해주고, 자신이 원하는 부유함에 이르는 것도 그리 어려운 일이 아니라는 확신을 갖게 만든다. 이들 공리의 핵심은 돈을 넘어 자기 훈련, 그리고 자신과 가족 사이의 사랑을 입증하는 증거이기도 하다.

나는 유대인들로부터 모은 이 공리들이 종교적 배경이나 수입의 많고 적음과 상관없이 어떤 환경에 있는 어떤 사람에게도 기꺼이 도움이 되리라 믿는다. 이는 역사상 가장 오래되고 충분히 검증된 재정적 가르침이며, 오랜 세월에 걸쳐 옳다고 인정받은 유일한 원칙이기 때문이다.

유대 민족이 지켜온 부자의 공리는 단순한 고정관념을 넘어선다. 지난 2천 년 동안 유대인들은 거의 모든 나라에서 추방당하고 배척당했지만, 그때마다 다시 보금자리를 찾아 맨손으로 시작하고 새로운 땅에서 또다시 부를 일구었다. 세계 어느 나라를 가든 유대인들은 항상 그곳의 최고 부유층이라는 사실을 어렵지 않게 발견할 수 있다.

유대인들은 부를 갖추는 능력 때문에 부정적인 평가의 대상이 되기도 했다. '에누리하다 jew you down' 와 같은 경멸조의 표현에서도 이 같은 부정적인 편견이 엿보인다. 나는 이런 고정관념들의 원천도 살펴볼 예정이며, 한 세대에서 다른 세대로 전수되어 부와 번영의 밑거름이 되었던 유대인들의 돈의 지혜를 오늘날의 현실에 맞추어 밝힐 예정이다.

바라건대 단순하지만 핵심적인 이들 진리가 당신의 재정 개념과 돈 관리 방식을 송두리째 바꾸어놓길 기대한다. 하루 빨리 부채의 늪에서 벗어나고, 나아가 부를 얻고 싶은 모든 사람이 여기에서 얻은 교훈으로 자신과 세상을 더욱 이롭게 하길 기도한다.

기독교인들은 '예수가 구원한다! Jesus saves!' 라고 말하지만, 유대인들은 같은 의미의 말을 '모세가 투자한다! Moses invest!' 라고 표현한다. 모세유대인가 당신이라면 이미 적잖은 자산가가 되었을지도 모른다.

이제 당신 차례이다.

- 랍비 셀소 쿠키어콘

차 례

1

첫 번째 공리

주머니를 비우지 않으면서 공허함을 채워라

부자가 되고 싶다면 먼저 빚에서 벗어나라.

- G. 허버트 -

예전보다 돈을 더 많이 버는데도 왜 재정 상태는 나아지지 않는지 의아했던 적이 있는가?

돈만 더 많이 벌면 만사가 형통할 것이라 생각했건만, 그것이 착각이었음을 깨달은 적이 있는가? 더 근사한 자동차를 몰고 더 멋진 옷을 입고 더 비싼 음식을 먹지만, 당신의 재정 상태는 예전보다 나아지지 않았을 것이다.

먼저, 현재 플로리다에 살고 있는 절친한 나의 친구 마크의 이야기로 시작해보자. 그를 알고 지낸 지는 8년이 넘었으며, 우리는 그의 보트를 타고 함께 뱃놀이를 가곤 했다. 마크는 텔레비전 광고에서 방금 튀어나온 사람처럼 보인다. 훤칠한 외모에 구릿빛 피부, 대체로 옷을 잘 차려

입는 사나이이다. 누구든 마크처럼 부족함이 없을 것 같은 사람을 알고 있을 것이다.

어느 날 나는 마크의 집에 들렀다가 그가 두 번째 이혼을 앞두고 있음을 알게 되었다. 그 날 그는 보트를 타러 가지 않았다. 보트는 이미 팔아버린 터였다. 그의 아름다운 BMW 컨버터블은 할부금을 제대로 내지 못해 압류를 당한 상태였다. 마크는 침실이 두 개였던 해변의 콘도미니엄에서 원룸 아파트로 이사할 거라고 했다. 나를 만나던 날 그는 몹시 침울해 보였다. 그는 아내까지 등을 돌려 어떻게 해야 할지 모르겠다고 말하며 울먹거렸다. 평생 많은 수입을 벌어들였음에도 불구하고 소유물들이 자신을 규정하고 통제하도록 방치했던 사내의 모습이란 그런 것이었다.

수입이 좋을 때 다른 여러 사람들처럼 마크는 살던 아파트를 팔고 더 근사한 신축 건물로 이사를 했다. 18만 달러에 구입했던 아파트를 25만 달러에 팔아넘기며 무척 들떠있었다. 그는 해변에 있는 78만 달러짜리 아파트를 새로 매입하면서 모자란 돈은 융자를 받았다. 하지만 모두가 알다시피 이후 부동산시장은 하락했고 78만 달러짜리 아파트는 반값도 건지기 어려운 상황이 되었다. 재정 위기까지 겹치는 바람에 아파트의 장기 융자금도 상환하지 못하는 때가 자주 발생했다. 그리곤 마침내 돈과 해변의 아파트까지 잃어버리자 그의 자존감은 크게 떨어졌다.

우리의 현실도 마크의 모습과 비슷한 데가 있다. 우리는 실상 좋아하지도 않는 사람들에게 과시하기 위해 자기 것도 아닌 돈을 쓰곤 한다. 근사하게 보이고픈 마음에 물건을 구입하고, 저녁을 같이 먹자는 친구들을 물리치지 못한다.

음식 값을 낼 현금이나 은행 잔고가 부족해도 어쨌든 먹고 즐긴 후에 신용 카드로 지불한다.

단지 충동을 억누르지 못해 필요도 없는 물건과 한 번도 입지 않을 옷을 산 적이 얼마나 많은가?

빚을 지면서까지 이런 행태를 반복하는 것은 오직 삶의 공허함을 채우기 위해서이다. 이것은 속도는 느리지만 반드시 자신을 파멸시키는 분명한 과정이며, 우리를 한 걸음씩 완전한 우울과 가난으로 이끄는 과정이기도 하다. 바로 지금, 우리에게 필요한 것은 삶에 이러한 혼돈이 더 이상 자리 잡지 못하도록 하는 일이다. 빚과 번영을 회복하는 방식으로 우리는 이러한 상황에 대처하는 방법을 배워야 한다.

잠시 우리 내면에 두 존재가 살아있다고 상상해보자.

첫 번째 존재는 야수이다. 이는 나의 욕구탐욕, 물질적인 소유욕, 순간적인 만족에 대한 욕심 등를 통제하는 영혼의 일부이다. 그는 우리 내면의 깊숙한 곳에 살면서 기회만 주어지면 영역을 넓히고 싶어 한다. 그의 목적은 우리의 삶을 혼란에 빠트리는 일이다. 사실 야수는 두 번째 내적 존재인 우리의 천사와 균형을 맞추기 위해 창조되었다. 천사는 옳은 일을 알고 있지만, 이따금 야수에게 제압당한다.

야수는 끊임없이 먹을 것을 원하지만, 그가 원하는 것은 무이자 자동차 할부나 6개월 무이자 할부 플라스마 텔레비전 따위가 아니다. 그는 당신이 근사한 새 물건에 반응하고 욕구에 따라 행동하도록 끝없이 부추긴다.

그는 당신이 사고 싶었던 물건을 발견했을 때 반짝이는 당신의 눈빛을 보고 싶어 한다. 빚만 늘어날 뿐이니 자리를 뜨라고 말하는 천사를 무시하고 점원에게 신용 카드를 건네는 당신을 보면서 성장한다. 설상가상으로 야수는, 예산을 세워 현금으로 그 물건을 살 수 있는 다음 달이 아니라 오늘, 지금 당장, 그것이 필요하다고 몰아세운다.

언제 어디서든 당신을 이용해 돈을 벌려고 애쓰는 사업체와 회사가 존재한다. 하지만 정작 그들이 문제가 되지는 않는다. 당신이 야수를 키우고 있다는 사실이 문제일 뿐이다. 당신은 지금 야수가 활개를 치며 천사를 제압하도록 방치하고 있다. 이는 당신의 재정생활에서 고스란히 드러난다. 그것이 바로 월급이 온데간데없이 사라지는 이유이며 부자가 되지 못하는 이유이다.

그렇다면 어떻게 해야 할까? 이제 다른 방식을 시도해야 한다.

당신의 미래를 희생하면서 야수를 키우는 대신, 내면의 야수를 통제해 당신을 등지기보다는 당신 편에 서도록 만들어야 한다.

우선 자신을 관찰하고, 실패와 성공을 좌우하는 사람은 다름 아닌 자신임을 깨달을 필요가 있다. 내 친구 마크와 그가 처한 절망적인 상황을 다시 떠올려보자.

나는 마음의 평화만큼 소중한 보트나 스포츠카가 존재한다고 생각하지 않는다. 오히려 인생에서 가장 중요한 것들은 모두 공짜인 경우가 훨씬 많다. 지금 당신에게 필요한 것은 그것을 즐길 수 있는 차분한 마음뿐이다.

그렇다면 앞으로 무언가를 구입하고 싶은 강한 욕망이 솟구칠 때는 어떻게 해야 할까? 미련함의 결정적인 사례가 있다면 같은 일을 반복하면서 다른 결과를 기대하는 일일 것이다.

값비싼 물건을 사고 싶은 유혹이 느껴질 때는 일단 그곳에서 나와 일주일 동안 생각하는 시간을 갖기로 해보라. 즉각적인 만족감을 얻으려는 욕구에 호소하는 야수를 무시하는 것이다. 당신에게 진정으로 필요한 물건인가, 아니면 그저 원할 뿐인가? 필요 없는 물건을 구입하고 나면 집에 돌아왔을 때 곧바로 죄책감을 느낄 수 있으며, 그 죄책감으로 말미암아 애써 산 물건을 제대로 즐기지 못하게 된다. 그 순간 야수는 승리를 만끽한다.

유대인들은 자신이 갖지 못한 것보다 이미 가진 것을 사랑하는 것이 진정한 부의 의미라고 가르친다. 무언가를 구입하는 것은 문제가 아니다. 우리가 구입하고 있는 그 물건이 우리를 행복하게 만들 것이라고 믿는 순간 문제가 생긴다.

첫 번째
공리
실천법

즉각적인 만족감을 얻고 싶은 욕구를 통제하라.

돈을 지불하기 전에 생각하라.
그것은 필요한 물건인가, 아니면 그저 원할 뿐인가?

내면의 야수를 길들이면서 천사의 목소리에 귀를 기울여라.

2

두 번째 공리

네 안의
부자 목소리를 들어라

절약 없이는 부자가 될 수 없다. 절약하면 가난뱅이가 되는 경우도 없다.

– S. 존슨 –

시대가 바뀔 때마다 수많은 집단이 저마다 희생자라고 자처했다. 일부 집단은 스스로를 전쟁과 학살의 희생자라고 여겼고, 일부 집단은 자신들이 노예와 소수 집단이어서 늘 불이익을 당한다고 하소연했다. 하지만 시대를 막론하고 역사적으로 언제나 희생자였던 유대인은 정작 자신들을 희생자라고 생각하지 않았다. 유대인들은 스스로를 생존자라고 자부한다. 희생자는 지속적인 자기연민에 빠져 헤어나기 힘들어하지만, 생존자는 비극적인 사건을 겪은 후에도 꿋꿋이 살아간다는 점에서 희생자의 마인드와는 확연히 다르다.

토라Torah | 유대인을 교육하는 지침서는 인간의 창조 과정을 다음과 같이 묘사한다.

"여호와 하나님이 땅의 흙으로 사람을 지으시고 생기를 그 코에 불어 넣으시니 사람이 생령이 되니라."(창세기 2장 7절)

성경에서 '짓다' 라는 의미의 히브리어 바이에체르vayiezer의 철자를 잘못 기록해 히브리 문자 -iud를 두 번 반복한 것은 흥미로운 일이다.

바이에체르는 성향inclination이라는 의미로도 쓰일 수 있다. 따라서 우리 유대인들이 이해한 바로는 창조되는 순간부터 인간은 그의 내면에 완전히 다른 두 가지 성향을 지니고 있다는 것이다.

첫 번째는 자기 파괴를 향한 성향으로서, 그것은 알코올 중독, 약물 중독, 재정적인 패배를 초래한다. 바로 앞 장에서 살펴본 내면의 야수인 것이다.

나머지 성향내면의 천사은 정반대이다. 천사는 당신이 체다카tzedakah | 자선를 베풀고, 가족을 돌보고, 다른 사람들을 위해 선한 행동을 하고, 운동을 통해 체력을 보존하고, 몸에 좋은 음식을 먹고, 야수가 내미는 순간적인 만족을 얻으려는 충동을 거부하도록 돕는다.

유대의 가르침대로 이야기하자면, 당신의 천사의 역할은 한 가지뿐이다. 천사의 유일한 임무는 당신이 모든 전투에서 승리해 당신 자신과 가족을 돌보도록 만드는 일이다.

자동차 대리점에 갔을 때 분수에 맞지 않는 값비싼 자동차를 사지 말라고 머릿속에서 나지막이 속삭이던 목소리를 기억하는가? 그것이 바로 당신과 가족을 위해 옳은 일을 하도록 이끄는 천사의 목소리였다.

세상은 당신에게 물건이 필요하다고 끊임없이 소리친다. 텔레비전이나 인터넷, 거리의 광고판, 동료의 압력은 물론이고, 심지어는 당신의 자아로부터도 이런 소리가 들려온다. 이 소리와 내면에 도사리고 있는 야수의 목소리를 따를수록 당신은 노예의 땅으로 더욱 깊숙이 들어가게 되며, 해를 거듭할수록 그곳에서 벗어나기는 점점 더 어려워질 것이다.

반면 천사의 목소리에 귀를 기울인다면, 천사는 당신을 지속적인 부유함과 풍요로움이 기다리는 약속의 땅Promised Land으로 인도할 것이다. 그곳은 사방이 부로 넘치고 노예 상태에서 영원히 벗어날 수 있는 곳이다.

비록 당신이 내면의 야수를 완전히 제거해버릴 수는 없지만, 야수 또한 당신 내면의 천사를 죽여 없애버리지 못한다. 천사를 우선할수록 시간이 지나면 천사의 목소리는 점점 커지고 강해져서 당신을 기다리는 바로 그 약속의 땅으로 당신을 이끌 것이다.

두 번째 공리 실천법

구매를 부추기는 군침 도는 광고와 달콤한 목소리,
지인의 압박에 흔들리지 마라.

야수의 목소리를 따르면 노예의 땅으로
더욱 깊숙이 들어가지만, 천사의 목소리에 귀를 기울이면
원하는 부를 얻을 수 있다.

3

세 번째 공리

자신의 재정 상태를 정확히 살펴라

모든 돈은 너 자신에게 투자하라.

– **H. 포드** –

사람들은 재정적인 파괴를 향해 달리는 무리의 꽁무니를 정신없이 쫓곤 한다. 당신 역시 그중 한 사람이라면 이제 무리를 쫓는 일은 그만 두고 방향을 바꾸어야 할 때이다. 지금 재정적으로 어려움을 느끼고 있다면 더욱 그러할 때이다.

내게 조언을 구하는 사람들 중에는 유행에 뒤처지기라도 하듯 흥청망청 돈을 쓰는 사람들이 많이 있다. 옷이라면 사족을 못 쓰는 사람이 있는가 하면, 최신 전자 기기라면 모조리 사들이는 사람이 있다. 최고급 레스토랑에서 식사를 하지 않으면 직성이 풀지 않는 사람도 있다.

누구에게나 유혹을 물리치기 힘든 대상이 적어도 한두 가지씩은 있다. 안타깝게도 세상은 온통 화려함으로 치장한 사람들로 가득하다. 그들은 분에 넘치는 고급 바에 가거나 분수에 맞지 않는 옷을 입거나 터무니없이 비싼 자동차를 몬다.

이들은 분수에 맞지 않은 삶을 살면서 '수지도 못 맞추는 동네 바보' 이야기를 새로운 농담거리로 삼는다. 하지만 인구통계학적인 면에서 동네보다 바보가 더 많다보니 아무도 이런 사실을 깨닫지 못하는 것 같다.

어떻게든 남에게 뒤지지 않으려고 애를 쓰거나 뒤처진 것을 다른 것으로 보상받으려 애쓴 결과, 이 같은 왜곡되고 자기 파괴적인 행동은 오늘날 우리 사회의 주류로 자리 잡았다. 자녀를 대학에 보내지 못하거나 편안한 노후를 보낼 수 없는 사람들이 주변에도 많이 있다는 사실은 개의치 않는다. 자신의 인생이 그렇게까지 비참해질 리는 없으니(?) 말이다.

좀 더 적절한 사례로 스타인 씨 가족을 살펴보기로 하자.

어느 날 서재에서 일하고 있는데 선량한 신자 한 분이 내게 전화를 걸어왔다. 그는 자신의 아내와 함께 나를 만나고 싶다는 뜻을 전했다. 80대에 접어든 노부부였다. 가족 문제를 의논하고 싶다는 말에 나는 면담 약속을 잡았다.

내가 스타인 씨의 집을 찾았을 때 그는 손자가 아이비리그Ivy League의 한 대학으로부터 입학 허가를 받았다고 말했다. 한 해 학비가 무려 10만 달러(약 1억 천만 원)가 넘는 학교였다. 그런데 스타인 씨 부부가 학비를 대고 싶다는 것이다. 나는 세일즈맨과 보험 설계사로 일하다 퇴직한 이 노신사와 전직 교사인 그의 아내의 계획을 듣고 무척 놀랐다. 물론 그들의 수중에는 손자의 등록금으로 지불할 10만 달러가 없었다. 그렇다면 대체 그들은 어디에서 그 돈을 구할 작정이란 말인가?

잠시 후 스타인 씨의 이야기는 더욱 놀라웠다.

"나머지 손자 다섯 명도 대학에 보내고 싶습니다."

나는 그에게 어떻게 그럴 작정인지, 혹시 대출이나 보조금을 고려하고 있는지 물었다. 그리고는 스타인 씨 부부가 내게 학자금 대출을 받을 만한 곳에 관한 조언을 바란다고 짐작했다.

하지만 스타인 씨는 "제가 현금으로 지불할 겁니다."라고 말했다.

나는 "어떻게 그러실 건데요?"라고 물었다.

그의 대답은 이러했다.

"우리 아이들은 그리 넉넉하지 않으니 아내와 내가 돕고 싶어요."

스타인 씨에게 그런 거금이 있으리라고 생각하지 않았던 나는 손자들이 장학금을 신청할 수도 있다고 알려주었다. 그러자 그는 다음과 같이 대답했다.

"우리 아들은 의사이고 사위는 변호사라 자격 미달일 겁니다. 애들 수입이 그리 많지 않아요."

나는 다시 이렇게 말을 이었다.

"좀 혼란스럽군요. 제 말을 기분 나쁘게 받아들이지는 마십시오. 퇴직한 노부부가 어떻게 모든 손자들의 대학 학비를 댈 수 있다는 건지 좀 설명해 주시겠습니까? 본인들의 노후는 어떡하시려고요?"

스타인 씨는 이렇게 대답했다.

“우리는 돈이 많습니다. 재정적인 조언을 구하려고 랍비님을 모신 게 아니에요. 댁의 부인께서 아이비리그 출신이라고 들었기 때문에 그만한 가치가 있을지 알고 싶었을 뿐입니다.”

이후 몇 주 동안 스타인 씨에 대한 생각이 줄곧 내 머릿속을 떠나지 않았다. 나는 부부가 넉넉지 않은 수입으로 어떻게 그런 거금을 모을 수 있었는지 감탄스러웠다.

어느 날 예배를 마친 다음 나는 스타인 씨 부부를 서재로 초대해 어떻게 재산을 모았는지 알려주십사고 부탁했다. 두 사람은 매우 단순하고 실용적인 방법으로 수백만 달러를 모은 과정을 이야기했다.

스타인 씨 부부가 직업상 비교적 평균 수준의 임금을 받았을 것이라는 내 가정은 옳았지만, 그들의 재정적인 지식에 대한 나의 판단은 완전히 빗나갔다. 자신은 물론이고 다른 사람들에게 행복을 선사할 만한 위치에 오를 수 있었으니 그들에게는 놀라울 재정 능력과 원칙이 있을 것이 분명했다.

처음에 나는 그들이 유산을 물려받았을 거라고 짐작했으나 부부는 즉시 그렇지 않다고 대답했다. 동부 유럽 이민자였던 이 부부의 부모님들은 미국으로 이주한 다음 얼마 되지 않은 여생을 계속 고되게 일하며 보내야 했다. 스타인 씨는 부모님을 모시고 살았고 스타인 씨 부인의 어머니 또한 바로 얼마 전 세상을 떠날 때까지 그들과 함께 지냈다고 설명했다. 유산을 남길 처지의 부모님은 없었다.

스타인 씨는 부모님들로부터 부부간의 화목과 자선, 자녀들의 교육을 위해 저축하는 일이 매우 중요한 가치라고 배웠다고 덧붙였다. 부모님들과 마찬가지로 스타인 씨 부부는 맞벌이를 했으나 월급은 넉넉지 않았다. 하지만 한 사람의 월급으로 생활하며 나머지는 저축했다.

나는 스타인 씨에게 이렇게 물었다.

"어떻게 한 사람의 월급으로만 생활할 수 있었나요?"

스타인 씨의 대답은 간단했다. 그의 친구들 중에는 독신이거나 부부 중에 한 사람이 벌어서 생활하는 사람이 많았다. 친구들이 한 사람 월급으로 살림을 꾸릴 수 있다면 스타인 씨 부부도 당연히 그럴 수 있었다.

"부모님의 조언에 따라 우리는 사회의 일반적인 통념을 거부했습니다. 친구들이 신형 뷰익을 빌려 탈 때 우리는 10년이나 12년까지 같은 차를 탔어요. 친구들은 아이가 태어날 때마다 새집을 샀지만 우리는 아들 방에 2층 침대를 들였죠."

스타인 씨는 호황기든 불황기든 상관없이 이런 간단한 지침이 위안을 주고 버팀목이 되었다고 설명했다. 사람들이 자신들의 집과 일자리, 생활을 잃을까봐 전전긍긍할 때 스타인 씨 부부는 마음의 평정을 잃지 않고 평균 시세보다 낮은 가격으로 부동산과 뮤추얼펀드, 주식을 사들였다.

잠시 스타인 부인이 거들었다.

"그러니까 랍비님, 남편 말은 우리 부모님께서 소중한 유산, 즉 토라라는 유산을 남기셨다는 거죠."

이 말을 듣는 순간 내 머릿속에는 사람들이 대부분 흔들림 없이 올곧고 충실하게 자신의 신앙을 따르는 것처럼 보이려고 노력하지만, 사실 그들은 BMW, 벤츠, 혹은 롤스로이스 같은 우상을 숭배하고 있다는 생각이 스쳐지나갔다. 그러나 부모님의 소망을 존중하고 '토라' 라는 유대의 가르침을 더욱 충실하게 따른 유대인들은 자신의 본질에 투자했다. 그들은 가족과 지역 사회에 투자함으로써 더욱 풍요로운 삶을 누렸을 뿐만 아니라, 자신이 맡은 소명도 다할 수 있었다. 다시 말해 자아를 발전시킬 수 있었다.

물론 '노숙자' 로 인생을 마감할지도 모른다는 불안감에 지나치게 돈에 인색한 유대인들도 있다. 그들은 마치 주머니에 전갈이 도사리고 있다가 돈을 꺼내려 하면 손을 물어버릴 듯이 행동한다. 씀씀이가 헤픈 것도 문제지만 지나친 구두쇠는 사람을 떠나게 만든다.

만일 여러분이 쇼핑에 중독되었거나 혹은 마치 독충이 돈을 지키고 있다는 듯이 행동한다면 균형 감각을 찾아야 한다. 나는 모든 사람을 겨냥해 이 책을 썼지만, 특히 탄탄하고 균형 잡힌 유대인들의 재정 관리 방식에 대해 관심이 있는 사람들을 염두에 두었다.

이 영원한 진리를 터득한다면 당신은 자신과 가족을 위해 더 나은 미래를 준비하고, 가문의 역사를 영원히 바꿀 수 있을 뿐만 아니라 아울러 스스로에게 필요한 자신감도 얻게 될 것이다. 매일 잠에서 깨어 살아있다는 사실에 가슴이 설레며 오늘은 어제보다 낫고 내일은 오늘보다 훨씬 나을 것이라고 뿌듯해할 것이다. 부의 사슬을 연결하는 주인공이 된다는 말이다.

여기서 몇 가지 질문을 던지겠다.

일단 다음 질문들에 답하고 이 책을 다 읽은 후에 다시 검토해서 답변이 바뀌었는지 살펴보라.

1. 현재 재정 상태에 만족하는가?
2. 지금과 같은 방식을 고수한다면 5~10년 후에 어떤 상태일 것이라고 생각하는가?
3. 성취하고 싶은 재정적 수준에 도달할 방법을 아는가?
4. 몇 살에 은퇴하고 싶은가?
5. 은퇴와 자녀의 대학 학비를 위한 현실적인 준비가 되어 있는가?
6. 은퇴 자금으로 수백 만 달러를 마련할 수 있다고 확신하는가?
7. 당좌 예금을 포함한 은행 계좌에 예치된 정확한 액수를 아는가?
8. 매달 생활비를 확실히 아는가?
9. 자동차나 주택 같은 물건을 언제 구입하며 그것이 당신의 분수에 맞는다는 사실을 어떻게 확인하는가?

이들 질문에 답하기가 어렵다고 느끼는 사람이라면 이 책을 계속 읽어야 한다. 매우 흥미진진한 방식으로 재정을 관리하는 방법을 배우게 될 것이다. 오늘보다 내일이 더 나을 것이며 미래의 태양이 언제나 빛날 것이라고 믿고 싶다면 심호흡을 하라. 이제 일생일대의 여행, 바로 당신의 여행을 시작할 테니 말이다.

지금까지는 당신이 무엇을 하고 얼마나 일을 해야 하는지를 돈이 결정했다. 이제 우리는 게임을 바꿀 것이다. 돈에게 무엇을 하게 하고 당신을 위해 얼마나 일하게 할지 명령하는 법을 배울 것이다.

세 번째 공리 실천법

굳이 거금을 벌지 않아도 부를 성취할 수 있다.
더 절약하는 법을 배운다면 말이다.

재정에 관한 한, 목을 빼고 막연히
먼 곳만 바라보는 타조처럼 행동하지 마라.
현재의 자신의 재정 상태를 정확히 파악하고
자신이 원하는 재정 상태에 대해
의식적으로 생각하라.

4

네 번째 공리

예산을 세우고 목숨처럼 지켜라

평생의 계획은 어릴 때에 있고, 일 년의 계획은 봄에 있으며,
하루의 계획은 새벽에 있다.

– 공자 –

누구나 알다시피 성경의 모든 말씀은 오직 한 가지 이유로 존재한다. 우리에게 교훈을 주기 위함이다. 그래서 성경 첫머리는 하나님께서 어떻게 노동 시간을 계획하고 일곱 번째 날을 휴식 혹은 은퇴를 위해 남겨두었는지 전한다. 하나님은 속세의 부를 우리에게 선사하고자 예산이라는 개념을 창조했다. 하나님께서 우리를 위해 그렇게 하셨으니 우리는 재정 생활에서 하나님을 본받는 한 가지 방법으로 예산에 대해 배워야 마땅하다.

성경에서 아브라함과 언약을 세울 때 하나님은 그를 이교도의 세상에서 구원하셨다. 이교도의 제도에 따르면, 가난하게 태어난 자는 평생 가난하게 살고 부유하게 태어난 자는 평생 부유하게 살아야 했다.

하지만 이 언약에서 하나님께서는 아브라함에게 다음과 같이 말씀하셨다.

"너는 이제 번성하고 창대하리라."

이 말씀은 축복이 되었다. 이는 아브라함의 생애에서 보기 드문 극적인 변화였으며, 이로써 아브라함은 이교도와는 다른 사람으로 거듭날 수 있었다. 이교도들은 창대함을 이해하지 못했다. 그들은 하루 벌어서 하루 먹고 살았으며, 그 밖의 다른 삶의 방식은 알지 못했다.

오늘날 세상에서 사람들은 제각기 다른 환경에서 태어난다. 하지만 모든 인간에게는 각자의 행동으로 환경을 바꿀 수 있는 기회가 주어진다. 극빈층 가정에서 태어났으나 자신과 가족을 위해 어마어마한 부와 축복을 창조하는 사람들이 있는가 하면, 엄청난 부와 기회를 타고 났음에도 어리석은 선택으로 그것을 짧은 시간에 탕진하는 사람들도 있다. 이들은 대부분 내면의 야수에게 통제권을 넘겨주고 결국 무일푼이 된 사람들이다.

부자가 될 수 없다면 그것은 당신이 이교도의 주기에 따라 살고 있다는 뜻이다. 하루 벌어 하루 먹고 사는 삶 말이다. 변화하기는 어렵다. 인생에서 옳은 일을 성취하기란 대체로 쉽지 않지만, 현재의 주기에서 벗어나려면 변화는 반드시 필요한 과정이다. 무엇보다 먼저 배워야 할 것은 예산을 세우고 그 계획을 지키는 법이다.

물건을 살 때

성경의 아가서Song of Songs | 雅歌에는 포도밭을 뛰어다니는 작은 여우들에 관한 노래가 있다. 성서 시대에 포도밭에서 일하는 농부들은 곰이나 사슴 같은 몸집이 큰 동물들을 두려워하지 않았다. 이런 동물은 쉽게 눈에 띄어서 사냥하기도 수월했기 때문이다. 하지만 작은 여우들은 울타리나 벽에 난 작은 구멍으로 들어와 포도밭에 온갖 손해를 입히고 몇 달이나 몇 년 동안 공들인 일을 망쳐놓곤 했다. 사람들이 작은 여우를 두려워하라고 말하는 것은 바로 이 때문이었다.

오늘날의 적합한 예로 매일 저녁 지역이나 전국 뉴스에 등장하는 기사들을 생각해보자. 지진, 허리케인, 토네이도, 홍수 등 대규모 참사에 관한 소식들이다. 이런 참사는 엄청난 손해를 입히므로 사람들로부터 주목을 받는다. 하지만 뉴스에서는 토네이도에 못지않게 한 가정의 토대를 확실하게 무너뜨릴 수 있는 다른 종류의 비극은 다루지 않는다. 거의 눈에 띠지 않는 진드기처럼 사소한 일들이 가정을 파괴하고, 매년 수백만에 이르는 가족을 길바닥으로 내몰고 있음에도 이런 소식은 좀처럼 접하기 어렵다. 사실 우리에게 가장 심각한 문제는 사소한 일에서 발생한다.

고대의 포도밭처럼, 현대의 우리 가정의 재정 생활에도 작은 여우가 존재한다. 번쩍이는 신형 페라리Ferrari나 100억대의 부동산이 매일 우리를 유혹하지는 않는다. 미래의 재정을 천천히 좀먹는 것은 작은 여우들(사소한 충동 구매, 부당한 보상, 즉각적인 만족의 필요성)이다.

이를 테면 손수 만든 샌드위치는 식당에서 파는 7달러짜리 샌드위치에 못지않게 맛이 있다. 사실 7달러면 일주일치 샌드위치를 만들 재료를 살 수 있는 돈이다. 노래 한 곡이 맘에 들어서 산 CD는 어떨까? 혹은 세일이라고 해서 구입해놓고 한 번도 입지 않았던 옷은 어떤가?

꾸준히 시청하는 채널은 손가락으로 꼽을 정도인데도 매달 프리미엄을 지불해야 하는 값비싼 유선방송 패키지는 어떨까? 당신의 휴대폰에는 한 번도 사용하지 않는 특별 기능이 있을 것이다. 도서관에 가면 무료로 빌릴 수 있는 비디오를 돈을 주고 빌리거나 심지어 구입하지는 않는가?

재상영관에서 더 저렴하게 볼 수 있는데도 극장에서 정가를 지불하는 영화는 어떤가? 게다가 그런 영화들은 5달러짜리 팝콘과 4달러짜리 음료수를 곁들이지 않으면 재미가 없다. 이들이 바로 작은 여우들이다. 당신의 뱃속에서 서식하는 야수인 것이다.

그렇다고 일만 하고 즐기지 말라는 말이 아니다. 사람이라면 모름지기 즐길 자격이 있다. 나는 어디론가 가고 무언가 하는 것을 좋아한다. 하지만 나의 미래의 재정을 저당 잡히면서까지 그러고 싶지는 않다.

랍비 데이비드 복먼David Bockman은 미국 원주민 노인으로부터 다음과 같은 이야기를 들었다. 노인은 인간의 마음 속 갈등을 다음과 같이 묘사했다.

"내 안에는 두 마리 개가 살지요. 한 마리는 온순하고 착합니다. 다른 한 마리는 심술궂고 못됐어요. 이 심술궂은 개는 착한 개에게 항상 싸움을 건답니다."

어느 개가 이기냐고 묻자 그는 잠시 생각하더니 이렇게 대답했다.

"내가 먹이를 많이 주는 놈이 이기지요."

당신은 어떤 개에게 먹이를 많이 주는가?

대가나 결과를 생각하지 않고 지금 당장 만족을 원하는 개인가?

아니면 미래의 재정을 지켜주는 개인가?

내가 개발한 한 가지 기술을 소개하자면 이렇다. 나는 이따금 나의 소유물들을 너무도 당연시하지는 않는지 자문한다. 예를 들면 나는 유선 방송을 좋아한다. HBO, 선댄스Sundance, 직업 채널 등 무엇이든 좋아한다. 이따금 내가 유선 방송을 너무 당연하게 여긴다는 생각이 들면 잠시 몇몇 채널을 중단시킨다. 그러다 다시 돈을 지불하고 연결을 하면 경탄과 고마움을 느끼면서 다시는 이런 사치품들을 당연하게 여기지 않게 된다.

유대인Jew이라는 단어가 고마움을 뜻하는 히브리어 토다todah에서 유래했다는 사실에서 배울 점이 있다. 우리는 우리가 가진 모든 것에 감사할 때 더 크게 성공하고 행복해질 것이라는 사실이다.

히브리어를 가르치며 생계를 유지하던 나이가 지긋한 한 랍비에게 어떤 사람이 도널드 트럼프Donald Trump | 미국의 부동산 거물만큼 돈을 많이 벌면 무엇을 하겠느냐고 물었다. 랍비는 이렇게 대답했다.

"도널드 트럼프만큼 돈이 많다면 나는 그 사람보다 더 부자가 되겠지요. 부업으로 히브리어를 가르칠 테니까요."

이 이야기에서 우리는 작게 생각하라는 가르침을 얻는다. 계약금을 지불하지 않고 집을 구입하라고 부추기는 텔레비전 인포머셜정보information와 광고commercial의 합성어로, 상품이나 점포에 관한 상세한 정보를 제공해 시청자의 이해를 돕는 광고기법 - 옮긴이과는 상반되는 가르침이다. 큰돈을 벌려면 크게 생각해야 한다는 이야기는 그럴 듯하게 들리지만, 작은 여우들이 당신이 버는 모든 것을 좀먹고 있다면 사정은 달라진다.

예산의 기본 요소

예산 세우기는 재정 안정의 기본 요소이다. 자신의 재정 상황을 솔직하게 검토하고 현재 위치를 평가할 수 있는 방법은 예산뿐이다.

우선 원하는 것과 필요한 것의 차이를 살펴야 한다.

첫 번째 단계로 지출을 꼼꼼히 살피고 현재 돈이 어디로 가고 있는지

:: 월간 수입 내역

급료(순수입)	
사회보장 연금	
연금	
개인 퇴직 연금	
상해 보험금	
투자 배당금	
임대 수입	
이혼 수당	
실업 수당	
연간 배당금	
신탁 기금	
총액	

:: 월간 지출 내역

식품	
융자금/집세	
공과금	
전화	
전기	
수도	
오물	
가스	
유선방송	
세금/보험금	
자동차 할부금	
휴대폰 요금	
의료비	
신용 카드 대금	
의복	
자녀 지출(학비, 보모, 오락 등)	
기부 연금	
대학 학자금	
퇴직 적립금	
총액	

파악해야 한다. 이후 한 달 동안 지출을 추적해서 지출 내역에 기록해 보라. 융자금이나 집세처럼 고정 지출과 치과 의료비와 자동차 수리비 같은 변동 지출로 구분할 수 있다.

지출과 수입을 종합한 결과 의외의 사실을 발견했는가? 수수료를 부가하는 현금 자동 인출기를 사용하면서 매달 15달러를 쓰고 있는가? 읽지도 않는 잡지에 돈을 쓰고 있지는 않은가?

얼마나 많이 빠져나가는지, 정확히 어디로 나가는지 확실하게 파악하면 자유로워진다. 해로운 소비 습관을 바꿀 기회를 얻을 뿐만 아니라, 대부분의 사람들이 그렇듯이 수입보다 지출이 더 많을 경우 지출을 줄일 항목을 파악할 수 있기 때문이다.

프리미엄 유선 방송 채널을 포기하거나 몇 달 동안 외식을 하지 못하면 힘들겠지만 내면의 천사가 이끄는 대로 따를 것을 권한다. 놓치고 있는 것들 때문에 분통을 터트리기보다는 다음 달 고지서 때문에 전전긍긍하지 않고 재정을 통제할 수 있다면 기분이 얼마나 홀가분할지에 초점을 맞추어라.

네 번째 공리 실천법

수입과 지출을 신중하게 추적해
먼저 지출을 줄일 방법을 찾아라.

자신의 재정을 좀먹는 여우들을 멀리 하라.

5

다섯 번째 공리

샬롬 펀드를 만들어라

세상에는 두 종류의 가문밖에 없다.
재산이 있는 가문과 재산이 없는 가문이 그것이다.
– **세르반테스** –

샬롬Shalom은 '평화'를 의미하는 말로 알려져 있으나, 사실 평화는 샬롬에 담긴 의미의 일부일 뿐이다. 어근인 샬렘shalem은 '완전함'을 뜻한다.

유대인들은 하나님이 유대인에게 전체론적인 시스템을 주었다고 여긴다. 토라에서 다른 사람을 어떻게 대하고, 무엇을 먹고, 어떻게 행동하고, 어떻게 부를 생산하고 유지하며 공유하는지를 논하는 것은 바로 이 때문이다. 샬롬이라는 단어는 그렇게 삶의 다른 모든 측면을 완벽하게 처리할 수 있을 때에야 비로소 평화로워질 수 있다는 사실을 일깨운다.

부유한 사람과 그렇지 않은 사람의 차이를 아는가?

부유한 사람들은 한 가지 행동에서 보통 사람과는 다른 중대한 차이를 보인다.

그들은 우선 자신에게 보상한다. 유대 사회는 바로 이 습관을 기를 것을 강조해 가르친다. 그러면 지속적으로 부를 쌓을 수 있다는 것이다.

유대인들은 그것을 말하기 쉽게 '샬롬 펀드'라 부른다. 당신이 지금 당장 해야 할 일은 샬롬 펀드를 만드는 것이다. 이를 샬롬 펀드라고 일컫는 것은 일단 완성되면 비싼 라떼우유를 섞은 커피나 극장에서 먹는 간식이 결코 선사할 수 없는 마음의 평화를 가져다주기 때문이다.

이제 월간 지출을 확인하고 당신의 포도밭에서 작은 여우들을 쫓아냄으로서 돈을 절약할 항목을 결정했으니, 수입 가운데 남는 액수를 파악해야 한다. 당신은 급료를 받을 때마다 저축이나 금융 계좌에 넣을 일정 액수의 돈을 따로 떼어두는 방법으로 자신에게 먼저 대비해야 한다. 이것이 당신의 샬롬 펀드가 될 것이며, 비상 상태가 발생했을 때 그것을 어렵지 않게 수습해줄 것이다.

기본 생활비로서 적어도 일곱 달을 버티기에 충분할 만큼 돈을 모을 때까지 샬롬 펀드에 최대한 많은 돈을 적립해야 한다. 지출 경비를 줄일수록 목표는 빨리 성취할 수 있다. 이것이 공리에서 가장 어려운 부분이지만 오늘 당장 시작해야 한다.

희소식이 있다면 어떤 금융 계좌에 샬롬 펀드를 개설할 경우 푼돈까지 계산할 필요가 없다. 복리 이자라는 기적을 통해 당신의 돈이 저절로 증가할 테니 말이다.

복리란 원금뿐만 아니라 원금에 따른 이자에서도 수익이 발생하는 방식이다. 간단한 예를 들어보자. 연이율이 3퍼센트인 금융 계좌에 100달러를 입금했다고 가정하자. 한해가 지나면 당신은 이자로 3달러를 받을 것이고 그 결과 당신의 계좌는 103달러가 될 것이다. 이듬해 당신은 103달러에 3퍼센트를 벌고 그러면 계좌는 다시 106.09달러가 될 것이다.

그리 많은 돈은 아니다. 그렇지 않은가? 하지만 당신이 처음에 100달러를 입금하고 가만히 있을 리는 없다. 매달 계속해서 100달러를 입금할 것이고, 그러면 연말에 1,200달러에 붙은 이자 3퍼센트에다 지금까지 모인 돈에 따른 이자까지 벌게 될 것이다.

뒷부분에서 복리를 이용해서 돈을 훨씬 빠른 속도로 불리는 방법을 살펴볼 것이다. 사실 매월 670달러(약 70만 원)도 안 되는 돈이 어떻게 437만 5,906달러(약 45억 원)로 바뀌는지, 매년 3천 달러(약 315만 원)가 어떻게 260만 달러(약 27억 원)로 바뀌는지 보여줄 것이다. 같은 액수를 부부가 투자한다면 520만 달러(약 54억 원)가 될 것이다.

일단 지금은 샬롬 펀드가 투자하기에 가장 안전한 장소이며 이율이 가장 높은 계정이라는 사실만 명심하기 바란다.

샬롬 펀드가 완벽하게 준비된다면 다음은 부채를 청산하는 일을 시작해야 한다.

다섯 번째 공리 실천법

먼저 대비하라.

적어도 일곱 달을
버틸 수 있는 돈을 마련하라.

복리에 눈을 떠라.

6

여섯 번째 공리

신용 카드의 노예가 되지 말라

부자가 되려고 악인이 되어서는 안 된다.

– 솔론 –

성경은 “부자는 가난한 자를 주관하고, 빚진 자는 채주의 종이 되느니라.”(잠언 22장 7절)라고 가르친다. 자발적으로 종이 되는 사람이 있을 리는 없겠지만, 오늘날 미국에서 이런 일이 실제로 일어나고 있다. 신용카드 회사에 노예가 되겠다고 서명하는 사람이 너무나 많은 것이다.

성경에 ‘요셉을 모르는’ 파라오가 정권을 잡아 차근차근히 유대인의 권리를 박탈하고 그들의 가치를 떨어뜨리면서 이집트의 노예로 전락시키는 이야기가 있다.

이집트인들은 유대인들에게 엄청난 고난을 견디도록 강요한다. 그들은 유대 여인들에게는 거대한 돌덩이들을 마을 한쪽에서 반대쪽으로 옮기는 일처럼 등이 휘어지는 잡일을 시키는 한편, 사내들에게는 무척 가벼운 일을 맡겼다. 다른 도리가 없었던 유대인들은 노동을 감수했다. 하나님과의 관계보다도 노예라는 지위가 그들을 정의한다고 생각했기 때문에 노동에서 벗어나지 못했다.

이와 마찬가지로 오늘날 다른 사람들의 인식에 따라 자신을 정의하는 사람들이 많다. 그래서 사람들은 새 옷이나 선물로 들고 갈 와인을 살 여유가 없을 때에도 파티에 참석하고 없는 돈으로 휴가를 떠난다.

하나님은 피로 시작해서 장자의 죽음으로 끝나는 열 가지 역병을 내렸다. 이처럼 부채란, 현금으로 지불할 수 없는 물건을 갖고 싶을 때 신용 카드에 단 몇 달러의 빚을 더하는 사소한 일에서 시작된다. 그러나 얼마 지나지 않아 당신의 집을 2차 저당에 잡히는 일이 벌어질지도 모를 일이다. 부채는 당신의 미래를 파멸시키고 그와 함께 당신의 집도 앗아갈 수 있다.

열 가지 역병이 지나간 이후, 성경에는 매우 흥미로운 장면이 등장한다. 유대인을 노예로 삼고 학대했던 이집트 사람들은 중벌을 받았고 열 가지 역병의 여파로 말미암아 그들의 경제는 피폐해지고 그 때까지 누리던 삶을 잃었다. 하지만 유대인들이 이집트를 떠날 무렵 이집트인들은 유대인들에게 그들의 보석을 모두 건넸다.

그들이 방금 장자를 잃었던 사람들임을 기억한다면, 이는 유대인들에게 저주를 내렸던 사람들이 보여준 놀라운 축복의 표현이었다. 이집트인들은 쉽게 '피해 의식' 에 빠질 수 있었다. 하지만 그들이 이런 일을 결코 되풀이하지 않아야 할 경험으로 생각한 것은 한층 고무적인 일이었다.

유대인들은 바다와 사막을 건너 마침내 약속의 땅에 도착했다. 그들은 정착하기에 앞서 그곳을 살피기 위해 정찰대를 파견했다. 돌아온 정찰대는 그 땅에는 거인들이 산다고 보고했다.

"우리가 그들을 바라볼 때 그들은 마치 메뚜기를 보듯이 우리를 내려다보았다."

이따금 삶을 바꿀 결정을 내릴 때 인간은 누구나 그런 정찰병과 비슷한 감정을 느낀다. 하지만 성경 말씀을 찬찬히 살펴보면 이스라엘 땅에 사는 거인들은 유대인을 메뚜기처럼 내려다보지 않았다. 그것은 단지 유대인의 인식이었을 뿐이다. 거인을 올려다보면서 그들은 스스로를 메뚜기라고 믿었을 뿐이다.

이와 비슷하게 많은 사람들은 자신을 보잘것없는 존재로 생각하며 살아간다. 그들은 언제나 다른 사람들이 최악의 것을 생각하거나 말한다고 상상한다. 상대방이 무례하게 굴까봐 두려운 마음에 전화를 걸지 못하고 망설이지만, 어쩌면 그 사람이 흥미로운 새 일자리로 안내할 열쇠일지도 모르는 일이다. 파티에서 처음 만난 낯선 사람과 사업 파트너가 될 수도 있다. 우리가 마음을 연다면 기회는 도처에 깔려 있다.

1920년대 후반 유럽에서 반유대주의가 추악한 얼굴을 들기 시작할 무렵, 나의 할아버지는 결혼식을 치르고 이튿날 폴란드를 떠나 브라질로 향했다. 할아버지 말씀에 따르면 장장 3개월에 걸친 여행이었다. 할아버지는 브라질에 대해 전혀 아는 바가 없었으며 말도 통하지 않았다. 그가 브라질의 상파울로Sao Paulo에 도착했을 때 10달러라는 뜻의 이름을 얻게 되었다. 그는 상파울로 중심에 있는 자뎅 다 루스 파크Jardins da Luz Park의 벤치에서 첫 날 밤을 보냈다.

다음 날 할아버지는 상파울로의 다른 유대인들이 모인 장소를 찾았다. 그리고는 그곳에서 넥타이 파는 일을 시작했다. 그는 넥타이 재료를 구입했던 곳에서 옷감을 재단하는 일을 하고 바느질도 했으며 다림질을 하는 작업도 맡아 했다.

그러던 어느 날, 넥타이 가격을 흥정하던 중에 넥타이 공장의 사장이 다림질 기계의 부품 몇 가지를 교체해야 한다고 할아버지에게 말했다. 당시 다리미는 뜨거운 석탄을 이용했는데 석탄 담는 부분의 부품을 자주 교체해야 했다. 그런데 이 부품의 가격이 두 배로 뛰는 바람에 공장 사장은 더 이상 할아버지에게 넥타이를 저렴한 가격에 팔 수 없었다.

이 일로 할아버지는 한 가지 아이디어를 떠올렸다. 그는 넥타이를 팔아 저축한 돈으로 이 부품을 직접 만들기 시작했다. 낮에는 여전히 넥타이를 팔고 밤에는 석탄을 담아 다리미를 가열시키는 부품을 대량으로 만들었다.

마침내 석탄 통이 충분히 확보되자 할아버지는 부품을 팔기 위해 도매시장을 찾아갔다. 하지만 상점 주인들은 하나같이 독일에서 부품을 구입한다면서 할아버지의 부품을 구입해주지 않았다. 다른 사람이었다면 이쯤에서 포기하거나 경매에서 부품을 모조리 헐값에 팔아 처분했을지도 모른다. 하지만 나의 할아버지는 역경에 굴하지 않고 다리미를 위한 이 석탄통을 계속 제조하기로 마음먹었다.

어쨌든 할아버지에게는 실패가 용납되지 않았다. 아내를 비롯한 나머지 가족이 여전히 폴란드에 남아 있었기에 사업 아이디어를 포기한다는 것은 가족을 포기하는 것이나 다름없었다.

그런데 공교롭게도 전쟁이 터지면서 유럽의 모든 운송품이 바다를 건너올 수 없게 되었다. 다시 도매업자들을 찾아갈 기회가 온 것이다.

그는 첫 번째 상점에서 부품을 개당 12센트에 팔겠다고 제안했다. 그러자 상점 주인은 그 가격이라면 할아버지가 가지고 있는 부품을 모두 구입하겠다고 말했다. 할아버지는 다음 상점으로 가서 주인에게 개당 15센트에 팔겠다고 제안했다. 이 상점 주인도 재고를 모두 사고 싶다고 대답했다. 세 번째 상점에서는 20퍼센트에 사겠다는 제안을 받았으며, 결국 마지막 상점에서 재고를 모두 팔 수 있었다. 25센트나 30센트가 아닌, 원래 제시했던 가격의 무려 세 배에 해당하는 개당 36센트에 말이다.

할아버지는 그때껏 들렀던 모든 상점을 다시 찾아가서 본인의 제품으로 얼마나 벌었는지 보여주었다. 그러자 한 도매상인이 개당 36센트에 제품을 주문했다. 6개월 후 할아버지는 아내와 아버지를 포함해 직계 가족 열한 명을 브라질로 데려왔으며, 덕분에 대량 학살을 면할 수 있었다.

할아버지는 호화롭게 살 수 있을 만큼의 재산을 모았다. 그 후 할아버지는 계속해서 상파울로의 한 지역에 최초로 산업용 건물을 지었고, 이는 세계 최대의 도매 지구로 손꼽히게 되었다. 나의 할아버지는 돌아가실 때 우리 가족에게 수백만 달러의 유산을 남겼다. 하지만 그가 개인의 책임과 사업 윤리라는 유산을 함께 남기지 않았다면 그 재산은 아무런 의미가 없었을 것이다.

아무도 구입하려 하지 않는 물건을 생산함으로써 할아버지는 기존의 전통에 과감히 도전장을 내밀었다. 그는 상점 주인들이 제품을 믿는 것보다 자신을 더욱 굳게 믿었다. 다른 사람들에 의해 자신이 정의되는 것을 거부했고, 그 결과 제품의 가치는 물론 자신과 가족의 가치를 스스로 결정지은 것이다.

신용을 파악하라

신용 카드의 원리를 제대로 이해하고 나면, 당신은 두 번 다시는 신용 카드를 사용하지 않겠다고 마음먹을지도 모른다.

우리가 재정에 대해 정확히 아는 한 가지는 빚이 없는 사람은 진정한 평온함과 안전, 행복을 느낀다는 사실이다. 우리는 자신을 정의할 기회가 올 때면 빚이 없는 사람으로 정의할 수 있어야 할 것이다. 우리의 궁극적인 목표는 차세대 빌 게이츠나 백만장자로 변신하는 일이 아니라, 밤잠을 푹 자고 가족을 돌보며 품위 있게 은퇴하는 일이다.

신용 카드 부채를 짊어지고 있다면 이 목표는 결코 이루기가 쉽지 않을 것이다. 이런 상황에서 당신이 가장 먼저 해야 할 일은 신용 카드를 정복하는 일이다.

램 연구소Ram Research의 로버트 맥킨리Robert McKinley에 따르면, 미국인들의 신용 카드를 이용한 구매액수는 연간 1조 달러(약 1,050조원)가 넘는다. 오늘날 평범한 한 미국 가정의 신용 카드 부채는 8천 달러(약 840만원)가 넘는다. 신용 카드 부채는 무담보로서 이율도 대개 무척 높은 편이다.

단언컨대 소비를 통제할 수 없는 사람이라면 신용 카드를 소유하지 말아야 한다. 신용 카드에는 장점이 무척 많으나 이는 매달 청구액을 지불할 수 있는 사람에게만 해당된다. 신용 카드 사용이 당신의 샬롬 펀드를 키워주는 기적 같은 복리 이자에 불리하게 작용하는 경우가 훨씬 많다.

매달 지불할 수 없는 신용 카드 부채가 있다면 머지않아 이자에 이자를 지불해야 하는 상황이 벌어질 것이다. 현재 사용하는 신용 카드에 이자 18퍼센트를 지불한다면 당신의 부채는 4년 만에 두 배로 증가할 것이다. 다음 4년이 지나면 다시 두 배로 들어날 것이고 이 과정이 끝없이 계속되어 신용 카드 회사의 도움이 없이는 당신 스스로 판 구덩이에서 헤어나지 못할 것이다.

부채를 청산하려면 우선 이율이 가장 높은 것부터 가장 낮은 것까지 신용 카드를 나열하고 그 순서대로 부채를 청산하는 것이 현명하다.

이를 테면, 이자가 18퍼센트인 카드에 8천 달러를 빚지고 있다면 7퍼센트인 부채 2천 달러를 걱정하기에 앞서 8천 달러짜리를 먼저 갚아야 한다. 첫 번째 카드를 완전히 청산한 다음에는 매달 이 카드에 지불하던 돈을 이자가 다음으로 높은 카드에다 넣을 수 있을 것이다. 하지만 이 카드는 이율이 더 낮으니 더 많은 빚을 청산할 수 있을 것이다.

아울러 매달 지불할 수 없는 부채가 있다면 당장 신용 카드를 사용하지 않을 것을 권한다.

여기서 신용 카드를 이용하라고 권한다면 약간 앞뒤가 맞지 않는 말처럼 들리겠지만, 신용 카드에는 몇 가지 장점도 있다. 사실 카드 자체가 문제가 아니라 당신이 문제인 것이다. 언제 어떻게 책임을 가지고 카드를 사용할 것인지를 배울 만한 자제력이 없다면 천하제일의 재정 계획도 소용없을 터이다.

다음은 신용 카드의 몇 가지 장점이다.

❖ 청구 금액에 이의를 제기할 수 있다. 누군가 당신의 은행 계좌에서 돈을 인출하면 돈은 사라진다. 하지만 신용 카드에서 제공하는 완충 지대에서는 그렇지 않다.

❖ 사기당하지 않도록 보호한다. 예전에 신용 카드 사기를 당해 누군가 내 카드로 수천 달러를 쓴 적이 있었지만, 나는 한 푼도 손해를 입지 않았다. 오늘날 사기가 더욱 기승을 부리므로 나는 사기에 대한 보호책으로 신용 카드를 가지고 있어야 한다고 생각한다. 신용 카드 회사에 연락해 당신이 제대로 보호를 받고 있는지 확인해 보라.

- ❖ 일자리를 구할 가능성에 영향을 미칠 수 있다. 미국에는 직원을 고용하기 전에 FICO 신용 점수신용 평가 회사 Fair Isaac Corp.에서 제공하는 신용점수 - 옮긴이를 확인하는 고용주들이 많으며, 이 점수는 신용 카드 회사에서 제공하는 정보를 일부 참고한다. 신용 카드 점수는 당신의 책임감을 판단하는 훌륭한 척도가 된다.
- ❖ 신용 카드가 없으면 자동차를 빌리기 어렵다. 렌터카 회사보다 훨씬 낮은 금액으로 보험을 제공하는 신용 카드도 있다.
- ❖ 오늘날 신용 카드 회사는 대부분 휘발유부터 현금 상환에 이르기까지 무척 다양한 보상 플랜을 제공한다. 이를 테면 매년 나는 마이애미비치Miami Beach의 파운틴 블루Fountain Bleu 리조트에서 무료로 며칠을 보낸다. 두루 살펴보고 자신에게 가장 적합한 마일리지를 찾아라.

요약하면, 신용 카드는 이롭거나 해로울 수 있다. 하지만 무엇보다 당신을 정의할 수 있는 사람은 오직 자신뿐이라는 핵심을 결코 잊지 말아야 할 것이다. 당신이 무엇을 구입하기로 선택하는지가 아니라 어떻게 사용할지가 당신을 정의한다는 의미이다. 내가 이런 지침을 제시하는 것은 당신의 신용 카드가 언제나 득이 되도록 만들기 위함이다.

명세서가 날아올 때 지불할 돈이 반드시 은행 계좌에 있어야 한다는 것은 아무리 강조해도 지나치지 않을 만큼 중요한 사실이다. 현금보다 신용 카드를 이용할 때 지출이 더 많은 사람들이 있지만, 이런 행태는 애초에 그들에게 돈이 없을 뿐더러 내면의 야수에게 휘둘리기 때문에 벌어지는 사태이다.

신용 카드로 사치를 부리지 말고 수중에 있는 돈만 쓰는 습관을 들여 보라. 샬롬 펀드가 생각보다 빠르게 불어난다는 사실을 깨달을 수 있을 것이다. 이는 돈으로 헤아릴 수 없을 만큼 소중한 공리이다.

여섯 번째 공리 실천법

신용 카드에는 장점이 많지만
매달 대금을 청산할 수 있는 사람에게만
해당되는 말이다.

신용 카드 부채를 청산하는 것이
미래의 재정을 확보하기 위해 취할 수 있는
가장 중요한 조치이다.

우선 가장 이자가 높은 대금부터 청산하고,
그 다음으로 높은 이자의 대금을 청산하는 방법으로
신용 카드 부채를 모두 제거하라.

7
일곱 번째 공리

협상을 두려워 마라

비관주의는 유대인이 결코 용납할 수 없는 사치이다.

– G. 마이어 –

유대인들이 거래에 탁월한 가장 중요한 요인은 바로 협상을 할 줄 아는 능력이다.

한 이교도가 어떤 유대인에게 다가와 다음과 같이 말했다.

"유대인들이 어찌 그리 똑똑한지 비결을 알고 싶소이다."

그러자 유대인은 이렇게 대답했다.

"해답은 …… 생선입니다. 원리를 알고 싶다면 정말로 근사한 레스토랑에서 내게 점심을 사줘야 하오. 그러면 내가 당신께 모든 것을 설명해드리리다."

이교도가 그러기로 동의했다. 두 사람은 매우 우아한 고급 레스토랑에 가서 완전히 익힌 연어를 주문했다. 유대인은 이교도에게 "나를 잘 지켜보라."고 말했다. 그리고는 연어의 머리를 잘라내어 이교도에게 먹으라고 건네고 자신은 몸통을 먹기 시작했다. 이교도는 다음과 말했다. "이해가 안 되는군요. 내가 음식 값을 지불하는데 당신이 연어 몸통을 먹고 내게는 머리만 주다니요."

유대인의 대답은 이러했다.

"것 보시요. 효과가 나타나고 있군요. 당신이 이미 더 똑똑해지고 있잖소."

유대인들의 협상 능력이 세계의 다른 어떤 민족보다도 우수하다는 것은 이미 잘 알려져 있는 사실이다. 사람들은 대부분 자신에게는 상점이나 사업체가 없으니 협상 기술이 필요하지 않다고 생각한다. 그들은 과거와 미래의 모든 상호작용이 협상이라는 사실을 깨닫지 못하는 것이다. 협상을 하고 있다는 의식 없이 상호작용을 했다는 사실은 지금껏 모든 협상에서 이미 패배했음을 의미한다.

아브라함은 유대교의 원로일 뿐만 아니라 위대한 외교관, 중재자, 협상의 대가였다. 죄악의 도시 소돔Sodom과 고모라Gomorrah를 보고 심판을 내리기 직전에 하나님은 두 도시의 주민들을 위해 협상할 대표로 아브라함을 불렀다. 하나님은 이렇게 말했다.

"내가 하려는 것을 아브라함에게 숨기겠는가?"(창세기 18장 17절)

하나님은 그에게 동감할 사람, 이 명령을 두고 함께 고민할 사람이 필요하다고 느꼈다. 어쨌든 유대 민족의 땅을 이스라엘이라고 이름 지은 것은 이 때문이다. 이스라엘은 말 그대로 '하나님과 함께 고민한다.'는 뜻이다.

하지만 소돔에 살고 있는 조카 롯Lot을 둔 아브라함은 어떤 협상가였을까? 분명히 아브라함은 롯과 그의 가족을 보호하고 싶었을 것이다. 그렇다면 아브라함이 단지 자기 조카의 안전에만 관심이 있었을까?

그는 소돔과 고모라를 위한 중재자로 나서서 믿을 수 없게도 하나님과 밀고 당기는 협상을 시작한다. 아브라함은 자신의 친척은 물론이고 사악한 무리와 함께 목숨을 잃을 수 있는 모든 정의로운 사람들을 위해 간청했다.

"주께서 의인을 악인과 함께 멸하시나이까?"(창세기 18장 23절)

그래서 우리는 아브라함으로부터 최초의 협상 전략을 배운다. 누군가와의 협상을 앞두고 있다면 상대방을 알아야 하는 것은 당연한 준비 작업이다. 아브라함은 자신이 섬기고 있는 하나님이 어떤 분인지 알고 있었고, 그래서 무엇보다 먼저 하나님의 품성과 하나님의 도리를 따르는 사람들에 대한 존중에 호소하는 방식으로 하나님에게 간언했다.

아브라함의 두 번째 전략은 끈질김이었다. 우선 그는 하나님에게 만일 그 도시에서 최소한 오십 명의 의인을 찾으면 그들을 용서할 것인지 물었다.

"내가 만일 소돔 성중에서 의인 오십을 찾으면 그들을 위하여 온 지경을 용서하리라."(창세기 18장 26절)

하지만 아브라함은 여기에서 물러서지 않았다. 오십오 명이면 어떻게 할 것인가? 사십 명이면? 삼십 명이면? 이십 명이면? 마침내 하나님은 다음과 같이 답하며 열 명의 의인이라도 그 죄악의 도시를 용서할 이유로 삼겠다고 동의했다.

"내가 십 인을 인하여도 멸하지 아니하리라."(창세기 18장 32절)

이 협상의 기술에서 배울 점은 협상의 대가인 아브라함의 간절함이다. 나의 할아버지가 얼마나 최대한 비싼 가격으로 석탄 통을 팔고 싶어 했는지 기억하는가? 우리가 무언가를 누군가에게 밀어붙이는 정도를 보면 우리의 간절함과 야망을 알 수 있다. 우리는 얼마나 간절히 성공을 원하는가?

미국을 벗어난 여러 나라와 문화권에서 협상은 단순히 삶의 한 방식이며 일상생활의 한 요소이다. 나는 중국 여행을 할 때 우리 일행 가운데 한 부인이 30센트까지 깎을 수 있었던 부처상을 1달러나 주고 샀을 때 무척 어리둥절한 표정을 짓던 노점 상인을 기억한다. 부인은 협상에 익숙하지 않았기 때문에 처음 요구하는 가격을 그대로 지불했던 것이다.

이 부인처럼 협상이라면 난감해하는 사람들이 많다. 하지만 이는 지혜롭지 못한 태도이다. 당신은 돈을 벌기 위해 열심히 일한다. 그리고 임금은 정해져 있다. 따라서 협상에 실패한다면 임금이 줄어드는 것과 마찬가지다. 물론 식료품점이나 동네 월마트WalMart처럼 협상할 수 없는 곳도 있지만, 더 저렴한 가격으로 흥정할 다른 기회를 지나치는 사람들이 많다.

협상의 한 가지 규칙아브라함에게 약간 어려웠던 규칙을 소개하면, 가능할 때마다 상대방을 직접 만나서 협상해야 한다는 점이다. 예컨대 부동산에 관한 거래라면 부동산 중개업자를 대동해서 집주인을 직접 만나 당신의 제안을 내놓으며 거래를 시작해야 한다. 당사자와 직접 만나 벌이는 거래는 대리인과의 거래에서는 얻을 수 없는 것들을 선사한다.

중고차 판매점에서 중고차를 살 계획이라면 판매 부장과 대면해야 할 것이다. 하지만 대부분의 중개인은 당신이 판매 사원과 거래하기를 원한다. 그래야만 자동차를 가장 비싼 가격에 팔기 위해서 '부장님에게 여쭤봐야 한다.'는 술수를 쓸 수 있기 때문이다. 이런 경우 판매 사원에게 다음과 같이 말해보라.

"부장님을 데려오시지요. 아니면 나는 가겠습니다."

그런 다음 자리에서 일어나서 문을 향해 걸어가라. 최악의 경우 당신은 지금 타는 낡은 자동차를 더 오랫동안 타야 할지도 모르지만, 이러한 협상 기술은 더 저렴한 자동차를 발견할 가능성 높여준다.

협상은 주고받는 과정이지만 협상에 성공하려면 협상 과정을 주도해야 한다.

또 다른 협상의 비결은 융통성을 발휘하고 언제 자리에서 일어나야 할지 항상 염두에 두는 것이다. 판매자가 팔고 싶은 마음보다 당신이 사고 싶은 마음이 크다면 당신은 승리할 수 없다.

그리고 협상에 더 많이 참여해볼수록 협상의 가치를 더욱 깊이 깨닫게 된다.

내게 협상은 체스 게임과 비슷하다. 승리한다면 자동차를 2천 달러

(약 210만원)나 더 저렴하게 살 수 있는 반면, 패배하면 다른 상대와 게임을 벌여야 한다.

협상은 성경에서 기도보다도 더 자주 등장한다. 아브라함뿐만 아니라 성경에 등장하는 다른 인물들 역시 훌륭한 협상가였다는 사실을 잊지 마라. 롯은 세 명의 천사Three Angels를 대신해서 협상했고 모세Moses는 이스라엘 민족을 대신해서 하나님과 여러 차례 협상했다. 그들이 협상할 수 있다면 우리가 협상을 마다할 이유가 있겠는가?

일곱 번째 공리 실천법

더 유리한 가격으로 거래하려면
협상하는 것을 두려워하지 마라.

반드시 결정권이 있는 사람과 협상하라.

8

여덟 번째 공리

할부 인생을 멈춰라

수난은 유대인을 오늘날 세계의 지배자들의 지배자로 만들었다.

– 에머슨 –

어린 시절 나는 장난감 자동차를 가지고 놀면서 진짜 자동차를 가질 수 있는 날을 꿈꾸곤 했다. 그런데 지금까지도 여전히 자동차를 가지고 노는 사람들이 많다. 그들은 20대, 40대 혹은 심지어 70대이지만 아직도 자동차를 구매하는 일에 관해서는 어린 아이처럼 행동한다.

우주에서 통용되는 한 가지 간단한 법칙이 있다.

'모터가 있는 것이라면 무엇이든 지금 이 순간에도 그 가치가 떨어지고 있다.'

지금부터 이 법칙의 의미를 살펴보기로 하자.

자동차 할부금은 대개 매달 지불하는 돈 가운데 주택 융자금이나 집세에 이어 두 번째로 많은 액수이다. 많은 사람들이 자동차 할부금 상환이 끝나자마자 본능적으로 낡은 자동차를 팔고 새 자동차를 산다. 누가 낡은 자동차를 몰고 싶어 하겠는가? 바로 나다! 나는 자동차 할부금 내는 것이 몹시 싫다. 그래서 할부금이 내 인생에서 사라지는 순간 더 행복해진다.

부자가 되고 싶은 사람이라면 자동차 구입의 첫 번째 법칙은 언제나 현금 지불이어야 한다는 점이다. 가치를 인정받지 못하는 물건에 이자까지 지불하면서 부자가 되는 사람은 없으며, 무이자 자동차 대출이라 해도 사실 비싼 대가를 치러야 한다. 1년, 2년, 3년이 지나면 자동차의 가치는 크게 떨어지기 때문이다.

저렴한 자동차를 몬다고 부끄러워하지 마라. 우리가 얻을 수 있는 최고의 교훈은 겸손이다. 당신이 당신 자신의 물질적인 소유물을 정의해야 한다. 소유물에게 당신을 정의할 권리를 주어서는 안 된다. 약간 낡은 자동차를 구입해서 10년 동안 타고 다녀도 전혀 문제가 되지 않는다. 굳이 새 자동차를 살 이유가 없는 것이다. 자동차를 처음 몰고 나오는 순간 그것의 가치는 적어도 20퍼센트 떨어진다. 거래 개선 협회Better Business Bureau에 가장 많은 불만이 접수되는 대상이 다름 아닌 자동차 판매대리점이라는 사실을 생각해보라. 이들의 희생자가 되지 마라.

근사한 자동차를 타는 것을 반대하는 것은 아니다. 다만 근사한 자동차는 보험금이 더 비싸며 이는 경상비가 더 많이 든다는 뜻이다. 따라서 나는 재정 상태가 허락할 경우에만 근사한 자동차를 살 것을 권한다. 내 계획을 따른다면 당신은 언젠가 더 근사한 자동차를 사서 은행이 아니라 당신의 소유물로 만들 것이다. 가치가 떨어지는 물건에 이자를 지불하면서 부자가 될 수는 없다.

내 이야기의 요점을 실제 사례를 들어 설명해보겠다. 아내가 임신했다는 소식을 들었을 때 나는 16년 된 우리의 볼보자동차가 더 이상 실용적이지 않다고 판단했다. 그래서 아내의 자동차를 사이드 에어백이 있는 모델로 바꾸기로 결정했다. 아내의 요구 사항은 한 가지뿐이었다. 다른 볼보자동차를 사달라는 것이었다. 미국의 최남동부 지역 Deep South | 앨라배마, 아칸소, 플로리다, 조지아, 루이지애나, 미시시피, 사우스캐롤라이나 주를 일컫는 말 - 옮긴이에서 볼보는 눈만큼이나 보기 드물었던 터라 나는 아내가 원하는 자동차를 찾기가 녹록치 않을 것이라고 짐작했다.

장장 6개월에 걸쳐 인터넷을 뒤져 중고차를 찾아냈는데, 우리가 원하는 자동차는 9천~1만5천 달러(약 950만~1,600만 원)에 거래되고 있었다. 결국 나는 원하는 자동차를 발견했다. 판매자에게 200달러(약 21만원)를 지불하고 지역 판매업체에 보내 점검을 받기로 동의했다. 판매업체는 점검을 끝낸 후 자동차 상태를 상급으로 만들려면 수리비가 3천 달러(약 315만원)를 약간 웃돌겠다고 견적을 냈다. 판매자는 수리비를 깎아주고 판매 대금의 일부를 아내의 낡은 자동차로 대체하는 데 동의했다.

나는 판매자에게 4천 달러(약 420만원)만 지불했고 판매업체에 자동차를 완전히 수리하는 대가로 3천 달러(약 315만원)를 건넸다. 판매업체는 또한 1년의 보증기간을 제공했다. 현재 이 자동차의 블루북 Blue Book | 중고차의 가치를 평가해 거래를 돕는 인터넷 사이트 가치는 9천~1만3천 달러(약 950

만~천3백만 원)이다. 자동차의 원래 가격은 약 3만2천 달러(약 3천3백만 원)였다. 원래 주인이 어림잡아 9퍼센트의 이자를 내고 60개월 할부를 했다고 가정하면, 매월 할부금은 667달러(약 70만 원)였을 것이며 할부가 끝났을 때 주인이 지불한 총액은 약 4만 달러(약 4천2백만 원)였을 터이다. 다시 말해 나는 원래 주인이 지불했던 이자보다도 더 저렴한 가격에 이 자동차를 구입한 셈이다.

:: 자동차 구입비용

세금 납부 전 총 구입가	$30,000.00
판매세와 공공요금	$2,140.00
세금 납부 후 총 가격	$32,140.00
지불 액수	$32,140.00
기간	60개월
이율	9%
월 할부금	$667
지불한 이자 총액	$7,890.20
자동차에 지불한 총액	$40,030.20

나는 중고 자동차를 살 때 매우 단순한 한 가지 규칙을 따른다. 자동차는 당신의 두 달 치 월급보다 비싸서는 안 된다. 다시 말해 연봉이 4만8천 달러(약 5천만 원)라면 8천 달러(약 840만원)가 넘는 자동차를 구입하지 말아야 한다.

이럴 때는 9천 달러(약 950만 원)짜리 자동차를 찾아서 8천 달러까지 가격을 흥정할 수 있어야 한다. 판매자에게 빳빳한 현금 다발을 보여주면 흥정하기가 쉬울지도 모른다. 판매자의 입장에서 생각해보라. 구매

:: 볼보 세단 할부 상환 계획

월	월 할부액	원금	이자	남은 원금
1	$667.17	$426.12	$241.05	$31,713.88
2	$667.17	$429.32	$237.85	$31,284.56
3	$667.17	$432.54	$234.63	$30,852.02
4	$667.17	$435.78	$231.39	$30,476.24
5	$667.17	$439.05	$228.12	$29,977.19
6	$667.17	$442.34	$224.83	$29,534.85
7	$667.17	$445.66	$221.51	$29,089.19
8	$667.17	$449.00	$218.17	$28,640.19
9	$667.17	$452.37	$214.80	$28,187.82
10	$667.17	$455.76	$211.41	$27,732.06
11	$667.17	$459.18	$207.99	$27,272.88
12	$667.17	$462.62	$204.55	$26,810.26
13	$667.17	$466.09	$201.08	$26,344.17
14	$667.17	$469.59	$197.58	$25,874.58
15	$667.17	$473.11	$194.01	$25,401.47
16	$667.17	$476.66	$190.51	$24,924.81
17	$667.17	$480.23	$186.94	$24,444.58
18	$667.17	$483.84	$183.33	$23,960.74
19	$667.17	$487.46	$179.71	$23,473.28
20	$667.17	$491.12	$176.05	$22,982.16
21	$667.17	$494.80	$172.37	$22,487.36
22	$667.17	$498.51	$168.66	$21,988.85
23	$667.17	$502.25	$164.92	$21,486.60
24	$667.17	$506.02	$161.15	$20,980.58
25	$667.17	$509.82	$157.35	$20,470.76
26	$667.17	$513.64	$153.53	$19,957.12
27	$667.17	$517.49	$149.68	$19,439.63
28	$667.17	$521.37	$145.80	$18,918.26
29	$667.17	$525.28	$141.89	$18,392.98
30	$667.17	$529.22	$137.95	$17,863.76

:: 볼보 세단 할부 상환 계획

월	월 할부액	원금	이자	남은 원금
31	$667.17	$533.19	$133.98	$17,330.57
32	$667.17	$537.19	$129.98	$16,793.38
33	$667.17	$541.22	$125.95	$16,252.16
34	$667.17	$545.28	$121.89	$15,706.88
35	$667.17	$549.37	$117.80	$15,157.51
36	$667.17	$553.49	$113.68	$14,604.02
37	$667.17	$557.64	$109.53	$14,046.38
38	$667.17	$561.82	$105.35	$13,484.56
39	$667.17	$566.04	$101.13	$12,918.52
40	$667.17	$570.28	$96.89	$12,348.24
41	$667.17	$574.56	$92.61	$11,773.68
42	$667.17	$578.87	$88.30	$11,194.81
43	$667.17	$583.21	$83.96	$10,611.60
44	$667.17	$587.58	$79.59	$10,024.02
45	$667.17	$591.99	$75.18	$9,432.03
46	$667.17	$596.43	$70.74	$8,835.60
47	$667.17	$600.90	$66.27	$8,234.70
48	$667.17	$605.41	$61.76	$7,629.29
49	$667.17	$609.95	$57.22	$7,019.34
50	$667.17	$614.52	$52.65	$6,404.82
51	$667.17	$619.13	$48.04	$5,785.69
52	$667.17	$623.78	$43.39	$5,161.91
53	$667.17	$628.46	$38.71	$4,533.45
54	$667.17	$633.17	$34.00	$3,900.28
55	$667.17	$637.92	$29.25	$3,262.36
56	$667.17	$642.70	$24.47	$2,619.66
57	$667.17	$647.52	$19.65	$1,972.14
58	$667.17	$652.38	$14.79	$1,319.76
59	$667.17	$657.27	$9.90	$662.49
60	$667.46	$662.49	$4.97	$0.00

자가 대출을 신청하는 동안 1천 달러를 더 받으려고 거래를 미루기보다는, 지금 현금 8천 달러를 받는 편이 판매자 입장에서도 훨씬 구미가 당기지 않겠는가?

자동차를 구매하기 전에는 반드시 성능검사 기술자에게 자동차를 가져가서 점검을 받는 것이 현명하다. 문외한의 눈에는 여러 가지 심각한 결함이 보이지 않을 수 있다.

지금 당신이 비싼 자동차를 할부로 구입해 타고 있다면, 유대인들이 말하는 이른바 '위아래를 바꿀' 절호의 기회를 가진 셈이다. 당신은 지금 당신 자동차의 실제 가치보다 더 많은 돈을 지불하고 있다는 의미이기 때문이다.

당신이 정말 부자가 되고 싶은 열망이 강렬하다면, 자신의 현재의 자동차를 팔고 앞서 말한 두 달 치 수입의 범위 내에서 다른 차로 바꿀 것을 강력히 권한다. 그러면 할부금이 줄어드는 것은 물론이고, 자동차 보험이나 다른 유지비 또한 눈에 띄게 줄어들 것이다. 덩치 큰 새 자동차는 당신을 노예 상태로 더욱 깊이 몰고 갈 따름이다. 영원히 노예로 살기를 바라지는 않을 것이다. 그렇지 않은가?

주차장에 분수에 맞는 중고 자동차를 주차하면서 당신은 내가 이따금 경험하는 기분을 느낄지도 모른다. 내 자동차는 주차장에서 가장 근사한 최신형이 아닐 터이다. 하지만 나는 내 자동차와 매우 특별한 관계를 맺고 있으며, 더 비싼 자동차를 사지 않고 절약한 667달러(약 70만 원)

를 아내를 위해 연간 이율이 12퍼센트인 뮤추얼 펀드에 투자할 수 있다고 생각하면 흐뭇하기 그지없다. 35년 후면 4,375달러(약 4천5백만 원)의 공돈같은 여윳돈이 생길 테니 말이다.

여덟 번째
공리
실천법

두 달 치 월급보다
비싼 차를 타지 마라.

판매자에게 현금으로 지불하겠다고 제안해
중고 자동차를 더 저렴하게 구입하라.

높은 이자의 자동차 할부금을 내지 않기 위해
더 낡고 더 저렴한 자동차를 탄다고 해서
위축될 필요가 전혀 없다.

9

아홉 번째 공리

가장 현명한 방법으로 집을 사라

유대인의 머릿속에는 순전한 초연함과 사랑의 능력이 들어 있다.

– D. H. 로렌스 –

미국에서 가장 소중한 자산으로 손꼽히는 것은 '자신의 집'이다. 인간에게는 반드시 살 곳이 필요하다. 남의 집에 세들어 산다면 그것은 다른 누군가의 부를 창출하고 있다는 뜻이다. 내 집 마련은 아메리칸 드림 이전에 부자의 문을 여는 필수요소이다.

재정 세계의 절대 진리는 손가락으로 꼽을 정도이다. 이를 테면 수입보다 지출이 적으면 빚을 지지 않는다. 그런가 하면 주택 시장은 주기적으로 변한다는 진리도 있다.

평균적으로 주택 시장은 7년마다 한 번씩 상승해서 상한가를 기록하거나 아니면 바닥을 친다. 이는 주택담보대출 금리와 밀접한 관계가 있다. 대출 금리가 낮을 때는 대출 자격을 얻는 사람이 증가하고 그러면 집값이 상승한다. 집값이 비싸면 구매자가 줄어들고 그 결과 판매자가 흥정에 응할 가능성이 커진다.

특정 지역의 집값이 연평균 소득의 두 배일 경우, 그 지역의 주택 시장이 탄탄하다는 것이 유대인들의 지론이다. 그리고 금리가 높을 때 집을 사는 것이 가장 유리하다. 금리가 낮아지면 대출금을 차환할 수 있으니 가장 저렴한 가격에 집을 산 셈이 된다.

우리는 대부분 남들이 부러워할 만한 화려한 대저택에 살고 싶다는 꿈을 꾼다. 우리는 집으로 사람들을 평가하고 반대로 평가를 받는다. 하지만 그런 한편으로는 사회적으로 인정받고 싶은 마음에 분에 넘치는 큰 집을 소유할 가치가 있을지 생각해볼 필요가 있다.

유대 사회는 오래전부터 "분수에 맞지 않는 삶을 경계하라."고 가르쳐왔다. 성서 속에서 예언자 발람Balaam은 이스라엘 부락에 저주를 내리라는 명을 받았지만 결국 축복을 내렸다. 여러분의 집 또한 축복이 되거나 저주가 될 수 있다.

이스라엘 부락에 저주를 내리려던 이교도 예언자 발람은 이스라엘 백성들이 천막을 치고 사는 모습을 보고 이렇게 감탄했다.

"야곱이여, 네 장막이, 이스라엘이여 네 거처가 어찌 그리 아름다운고."(민수기 24장 5절)

이 작고 초라한 천막이 이스라엘 백성들에게 축복을 안긴 것이다. 유대인들은 그렇듯 소박한 삶을 살면서 인류 역사상 가장 높은 차원의 신성을 얻을 수 있었다. 그들은 토라를 선사받고 마침내 약속의 땅에 입성하도록 선택받은 백성이었기 때문이다.

이 이야기는 이른바 '맥멘션McMansions | 도시에서 떨어진 교외의 대형주택'을 구입해서 지금은 대부분 압류될 판에 이른 사람들과 사뭇 대조적이다. 이 저주받은 사람들은 이제 1천 평에 이르는 그들의 집을 어쩔 수 없이 떠나야 한다.

자유의 몸이 된 직후 사막 어귀에서 살던 이스라엘 백성들의 천막과 분수에 넘치게 사는 사람들의 집을 비교할 때 우리는 아름다움의 진정한 의미를 깨닫게 된다. 천막을 치고 살던 과거의 노예들은 제 분수에 맞게 생활했고 그 덕분에 우주와 더욱 깊은 관계를 맺을 수 있었다. 이스라엘 백성들은 진실하고 성스러운 삶에 헌신하며 영혼과 영적 삶을 바탕으로 자신의 존재를 정의했다. 그 결과 그들의 천막은 아름다워졌다.

사막을 떠돌던 40년 동안 유대인들은 전쟁에 휘말렸고 백성들의 탈선 사태도 겪었다. 다른 사람들의 공격을 받고 어쩔 수 없이 다른 사람들을 공격하기도 했다. 그리고 최초의 예배소인 성막을 세웠다. 자비와 기도, 이웃에 대한 사랑과 이민족에 대한 존중 등의 개념을 정립한 것도 이때였다.

뿐만 아니라 유대인들은 이 기간 동안 하나님으로부터 철학, 역사, 의학, 영혼을 채우는 일에 대해 배웠다. 하지만 빚을 지거나 다른 사람에게 대출금을 갚는 일 따위는 하지 않았다.

오늘날 다른 사람에게 과시하기 위해 자기 것도 아닌 빌린 돈으로 분에 넘치는 집을 구입해 생활하는 사람들은 물질이라는 그릇된 신을 숭배하는 것이며, 자기 안의 진리와 아름다움, 잠재적인 영적 에너지를 분산시키고 있는 것이다. 분에 넘치지만 않는다면 아름다운 집이나 자신이 원하는 것을 가지는 데 반대할 명분은 없을 것이다.

한 가지 흥미로운 테스트가 있다. 당신이 생각하는 완벽한 집을 선택하는 방법에 대해 현실적으로 생각해보는 테스트이다. 눈을 감고 당신이 꿈꾸는 집을 상상하라. 다음 표를 이용해 드림 하우스의 명세서를 작성하라.

:: 나의 드림 하우스

건평	
주택 형태(단독 주택, 아파트 등)	
침실 개수	
욕실 개수	
차고 / 자동차 대수	
수영장	
테니스장	
위치(골프장, 물이나 산이 보이는 경관 등)	
자동차에 지불한 총액	

이제 밖으로 나가 당신의 드림 하우스를 찾아보라. 흥을 깨고 싶지는 않지만 당신이 꿈에 그리는 집은 오직 꿈속에만 존재한다는 사실을 뼈저리게 느끼게 될 것이다. 나는 그런 드림 하우스를 구입했던 사람들을 실제로 만난 적이 있다. 그들의 집은 융자금이라는 파라오를 섬기는 피라미드로 변해버렸으며, 그들은 앞으로도 30년 동안 이 주인을 계속 섬겨야 할 것이다. 그리고 어찌 되었든 간에 이 30년은 구매력과 건강 면

에서 집주인의 생산성이 가장 높은 기간이다. 피라미드는 사람들을 매장하기 위해 지은 구조물임을 잊지 마라.

『부자 아빠, 가난한 아빠』에서 저자 로버트 기요사키Robert T. Kiyosaki는 집이 가장 중요한 자산이 아니라고 설명한다. 집은 수입을 창출하기보다는 지출을 증가시키므로 실상 가장 중요한 채무라는 것이다.

물론 살 곳이 있어야 하지만 진정으로 필요한 것과 진정으로 원하는 것을 구분해야 한다. 집은 축복이어야 한다.

할리우드 유명 인사들처럼 멋진 수영장, 자동차 네 대를 수용할 수 있는 차고, 심지어 아름다운 정원까지 구비한 집을 원할 수도 있다. 이제 잠시 멈추어 생각해보자. 필요도 없는 도구를 보관하는 더 큰 차고는 세금만 부풀릴 뿐이다. 근사한 수영장은 보험금을 높이고 아름다운 정원은 유지비를 증가시킬 따름이다. 방문하는 친척들을 재울 여분의 침실은 공과금만 늘려준다. 반면 자신에게 필요한 집을 사서 최대한 빠른 시일 내에 융자금을 상환하면 아무도 모를 자유로움을 느낄 수 있다.

오늘날 건강한 영혼을 지닌 미국의 부자 유대인들은 아파트나 타운홈 단독 주택을 두 채 이상 붙여 나란히 지은 공동주택을 선호한다. 단독 주택은 유지비가 더 많이 들고 관리를 많이 해야 하는 반면, 아파트나 타운홈은 공간을 효율적으로 이용할 수 있는 여러 가지 장점이 있기 때문이다.

아파트와 타운홈의 장점은 이런 것들이다.

❖ 당신의 소관이 아닌 멋진 공용 구역이 있다. 매달 관리비만 지불하

면 그 밖의 다른 일은 걱정할 필요가 없다. 나는 수영은 무척 즐기지만 수영장 청소는 그다지 좋아하지 않는다.

- ❖ 아파트의 보안 상태가 대개 더 탄탄하다. 이는 단독 주택보다는 이웃과 더 가깝다는 사실과 무관하지 않다.
- ❖ 지출을 예측하고 대비하기가 더 쉽다. 단독 주택에 살면, 이를 테면 지붕이나 차고 문 등 예측하기 어려운 거액의 수리비가 필요할 수도 있다.
- ❖ 아파트 단지에는 전문적인 관리부서가 있다. 문제가 생기면 언제나 그들이 책임을 진다. 단독 주택에 문제가 생기면 전적으로 당신의 책임이다.
- ❖ 아파트와 타운홈은 단독 주택보다 저렴하다.
- ❖ 예산 문제에서 균형을 맞추고 예산을 예측하기가 더 수월하다.
- ❖ 낙엽을 치우고, 잔디를 깎고, 가지치기를 하는 것보다는 투자하는 데 더 많은 시간을 할애할 수 있다.

듀플렉스두 세대용 건물나 다른 다세대 주택을 구입해서 한 집에 살며 나머지를 임대하는 사람들이 있다. 이런 사람들은 투자가라기보다는 집주인이 되며 세입자와의 경계가 없으므로 그리 현명한 선택이라고 생각지 않는다. 오늘날 부자 유대인들은 부동산으로 구성된 뮤추얼 펀드에 투자하는 쪽을 선호한다.

다시금 강조하건대 내 말은 값비싼 물건을 절대로 소유하지 말라는 뜻이 아니다. 자신의 분에 맞지 않는 사치품을 구입하는 데에 반대할 뿐이다. 물질적인 소유물로 당신의 존재가 정의되는 일이 발생하니 말이다. 이후 30년 동안 거액의 융자금에서 헤어나지 못하거나 압류를 당할 것이라는 불안감을 안고 매일 잠자리에 든다고 상상해보라.

다음과 같은 간단한 실험을 해보라.

눈을 감고 심호흡을 한 후, 주택 상환금을 모두 갚았다고 상상해보라. 몇 달치 생활비를 충당하기에 충분한 돈이 있으며, 은퇴 자금도 넉넉하다고 상상해보라. 그렇게 몇 분 동안 눈을 감고 명상하라.

이제 눈을 뜨고 당신이 다른 수많은 사람들과 똑같이 집을 사고 앞으로 30년 동안 다달이 융자금 상환에 쪼들리며 근근이 생활한다고 상상해보라. 정말 다르지 않은가? 선택은 당신에게 달려 있다.

사치품은 당신을 부자처럼 '보이게' 만드는 물건이지만, 안락함은 당신을 부자라고 '느끼게' 만든다. 융자금이 적거나 이미 상환했다면 당신은 분명 더 부자라고 느낄 것이다.

지금쯤이면 자신에게 더 중요한 것이 무엇인지 이해하고 자기 연봉의 두 배를 넘는 집을 소유하는 일은 터무니없다고 판단했을 것이다. 드림하우스에 대한 최소한의 요건을 두고 당신과 배우자가 타협할 수 있는 사항을 다음 표에서 스스로 평가하기 바란다.

:: 내게 정말로 필요한 집

건평	
주택 형태(단독 주택, 아파트 등)	
침실 개수	
욕실 개수	
차고 / 자동차 대수	
위치	
다른 특성	

유대인들은 '집'을 '가정'으로 만든다. 주택 융자금을 더 빨리 상환하면 집은 더 빠른 시일 내에 가정으로 변할 것이다. 이 공식을 따른다면 집을 마련하는 것은 물론이고 미래를 위해 투자할 돈은 더 많아질 것이다.

그토록 원하던 침실 네 개에 자동차 네 대를 수용할 넓은 차고가 딸린 저택을 현금으로 구입할 날도 꿈만은 아닐 것이다.

이제 당신이 어떤 집을 찾고 있는지 파악했으니 대출 종류에 대해 이야기해보기로 하자. 물론 지금쯤이면 당신이 부채에서 해방되고 소비 습관과 예산을 통제할 수 있기를 바란다. 일반적으로 융자금은 대출을 받고 한 달이 지나야 상환할 수 있으나 나는 첫 달부터 상환하기를 권한다. 그러면 불행한 사태를 대비한 완충 지대를 마련할 수 있다.

그리고 30년 상환 융자보다는 15년 상환이 합리적이다. 둘 사이의 상환 금액의 차이는 그리 크지 않으며, 15년 상환 대출금을 지불할 여유가 없다면 이는 당신의 소득에 비해 집이 지나치게 비싸다는 뜻이다.

아울러 매달 이자와 원금을 함께 상환하는 방법이 훨씬 유리하다.

첫 번째 표는 6.5퍼센트 금리로 10만 달러(약 1억5백만 원)를 융자받는 사례이다. 이 첫 번째 표의 핵심은 높은 금리로 30년 상환 프로그램으로 10만 달러를 빌리면, 이자만 약 12만7천5백 달러(약 1억4천만 원)를 지불한다는 사실이다.

나머지 두 표는 빠른 융자금 상환(15년 상환)이 이자로 새나가는 돈을 얼마나 효과적으로 막아주고, 당신을 부채에서 자유롭게 만드는지를 보여주고 있다.

이를 테면 15년 상환 프로그램으로 10만 달러를 융자하면, 매달 약 857달러(약 90만 원)를 지불해야 한다. 금리가 6.25퍼센트일 경우 대출 기간 동안 납부하는 이자는 총 5만4천 달러(약 5천7백만 원)가 될 것이다.

세 번째 표에서는 마찬가지로 15년 상환 프로그램으로 10만 달러를 융자하지만, 이번에는 샬롬 펀드로 떼어둔 저축을 이용해 융자금 가운데 매달 3백 달러(약 31만 원)를 추가로 상환한다. 그럼으로써 당신은 이자 약 2만1천 달러(약 2천2백만 원)를 절약하고, 15년 상환 융자금을 10년 이내에 갚을 수 있게 된다.

:: 10만 달러의 30년 상환 주택 융자

대출액 10만 달러(약 1억5백만 원)
상환 기간 30년
금리 6.5퍼센트
월 납입액 632.07달러(약 66만 원)
30년간 총 납입액 22만 7,542달러(약 2억3천9백만 원)
30년간 총 이자액 12만 7,542달러(약 1억3천4백만 원)

30년 동안 금리 6.5퍼센트로 매달 632.07달러(약 66만 원)를 납입해야 한다.

햇수	연간 총 납입액	원금	이자	매년 말 원금 잔액
1	$7,584.84	$1,117.76	$6,467.08	$98,882.24
2	$7,584.84	$1,192.61	$6,392.23	$97,689.63
3	$7,584.84	$1,272.50	$6,312.34	$96,417.13
4	$7,584.84	$1,357.70	$6,227.14	$95,059.43
5	$7,584.84	$1,448.62	$6,136.22	$93,610.81
6	$7,584.84	$1,545.64	$6,039.20	$92,065.17
7	$7,584.84	$1,649.16	$5,935.68	$90,416.01
8	$7,584.84	$1,759.62	$5,825.22	$88,656.39
9	$7,584.84	$1,877.45	$5,707.39	$86,778.94
10	$7,584.84	$2,003.19	$5,581.65	$84,775.75
11	$7,584.84	$2,137.33	$5,447.51	$82,638.42
⋮	⋮	⋮	⋮	⋮
20	$7,584.84	$3,830.45	$3,754.39	$55,664.31
21	$7,584.84	$4,086.99	$3,497.85	$51,577.32
22	$7,584.84	$4,360.71	$3,224.13	$47,216.61
23	$7,584.84	$4,652.74	$2,932.10	$42,563.87
24	$7,584.84	$4,964.37	$2,620.47	$37,599.50
25	$7,584.84	$5,296.85	$2,287.99	$32,302.65
26	$7,584.84	$5,651.56	$1,933.28	$26,651.09
27	$7,584.84	$6,030.07	$1,554.77	$20,621.02
28	$7,584.84	$6,433.91	$1,150.93	$14,187.00
29	$7,584.84	$6,864.77	$720.07	$7,322.34
30	$7,582.62	$7,322.34	$260.28	$0.00

:: 10만 달러의 15년 상환 주택 융자

대출액 10만 달러(약 1억5백만 원)
상환 기간 15년
금리 6.25퍼센트
월 납입액 857.42달러(약 90만 원)
15년간 총 납입액 15만 4,336.52달러(약 1억6천2백만 원)
15년간 총 이자액 5만 4,336.52 달러(약 5천7백만 원)

15년 동안 금리 6.25퍼센트로 매달 857.42달러(약 90만 원)를 납입해야 한다.

햇수	연간 총 납입액	원금	이자	매년 말 원금 잔액
1	$10,289.04	$4,156.76	$6,132.28	$95,843.24
2	$10,289.04	$4,424.14	$5,864.90	$91,419.10
3	$10,289.04	$4,708.71	$5,580.33	$86,710.39
4	$10,289.04	$5,011.58	$5,277.46	$81,698.81
5	$10,289.04	$5,333.94	$4,955.10	$76,364.87
6	$10,289.04	$5,677.04	$4,612.00	$70,687.83
7	$10,289.04	$6,042.18	$4,246.86	$64,645.65
8	$10,289.04	$6,430.84	$3,858.20	$58,214.81
9	$10,289.04	$6,844.46	$3,444.58	$51,370.35
10	$10,289.04	$7,284.73	$3,004.31	$44,085.62
11	$10,289.04	$7,753.30	$2,535.74	$36,332.32
12	$10,289.04	$8,251.98	$2,037.06	$28,080.34
13	$10,289.04	$8,782.78	$1,506.26	$19,297.56
14	$10,289.04	$9,347.69	$941.35	$9,949.87
15	$10,289.96	$9,949.87	$340.09	$0.00

:: 매달 300달러를 추가로 갚아나가는 10만 달러의 15년 상환 주택 융자

추가 상환액 매달 300달러(약 31만 원)

15년간 총 납입액 13만 3,198.10달러(약 1억3천9백만 원)

15년간 총 이자액 3만 3,198.10달러(약 3천5백만 원)

15년간 이자 총 절감액 2만 1,138.32달러(약 2천2백만 원)

햇수	연간 총 납입액	이자	매년 말 원금 잔액
1	$13,889.04	$6,027.32	$92,138.28
2	$13,889.04	$5,521.67	$83,770.91
3	$13,889.04	$4,983.46	$74,865.33
4	$13,889.04	$4,410.63	$65,386.92
5	$13,889.04	$3,800.97	$55,298.85
6	$13,889.04	$3,152.07	$44,561.88
7	$13,889.04	$2,461.44	$33,134.28
8	$13,889.04	$1,726.40	$20,971.64
9	$13,889.04	$944.09	$8,026.69
10	$8,196.74	$170.05	$0.00
11	$0.00	$0.00	$0.00
12	$0.00	$0.00	$0.00
13	$0.00	$0.00	$0.00
14	$0.00	$0.00	$0.00
15	$0.00	$0.00	$0.00

매달의 융자금 상환액은 월 소득의 4분의 1을 넘지 말아야 하며, 부채를 청산할 경우 가용 수입이 얼마나 늘어날 수 있는지도 파악해야 한다. 따라서 생활비를 제외한 수입을 4등분할 것을 권한다.

- ❖ 노후비용
- ❖ 자녀들의 대학 학자금
- ❖ 융자 원금에 대한 추가 상환금
- ❖ 다음에 구입할 자동차와 같은 다양한 품목을 위한 샬롬 펀드 강화 비용

아홉 번째 공리 실천법

융자금 상환이 버거울 것 같다면
여유가 생길 때까지 기대를 낮추어라.

30년보다는 15년 상환이
이자를 크게 줄일 수 있다.

원금과 이자를 동시에 갚는 방식이
훨씬 유리하다는 것을 명심하라.

샬롬 펀드를 활용한 추가 상환에 주력하라.

10

열 번째 공리

은행 거래의 득과 실을 알아라

고생해서 돈을 벌어야만 돈의 가치를 배울 수 있다.

– P. 에리아 –

성경의 첫머리에서는 천지 창조를 다루며 말 그대로 '베이히 예레브 바혜이 보케르' veyhee erev, vaheyee boker, 즉 '저녁이 되며 아침이 되니' 라고 전한다.(창세기 1장 8절)

창조의 첫 번째 재료는 예레브erev, 즉 밤이었다. 학자들의 설명에 따르면 '예레브' 란 본디 '검은 불' 을 묘사하는 예레브 라브Erev Rav를 뜻한다.

만일 이런 검은 불이 존재한다면 우리는 한밤중에 밖을 돌아다니다가 자신이 불 속으로 걸어 들어가는 것조차 모른 채 바싹 타버릴 것이다. 이 세상의 첫 번째 재료가 불이었다는 것이다. 과학적인 용어로 이것은 '혼돈' 이라고 표현된다.

천지의 혼돈은 하나님의 역사役事를 통해 점차 줄어들어 마침내 개인의 영혼으로 응집되었다. 오늘날 우리는 이 혼돈이 언제나 우리의 삶을 침입해 혼돈의 왕국을 점점 넓히고 강화하기 위해 애쓴다는 사실을 알고 있다.

오늘날 혼돈의 가장 일반적인 도구는 '즉각적인 만족' 이다.

믿기 어렵지만, 사람들 중에는 홈시어터나 고급 외제 자동차 같은 사치품을 장만하거나 가족 여행을 가기 위해 재차 주택 담보 융자를 받는 사람들도 있다.

이 같은 즉각적인 만족을 위한 절제되지 않은 욕망은, 말할 것도 없이 재정의 붕괴라는 검은 불, 즉 혼돈의 지름길로 이어지곤 한다. 이런 의미 없는 현재의 만족에 대한 대가로 미래의 차입 자본을 이용할수록 삶을 뒤흔드는 혼돈의 파이는 그 크기를 부풀릴 뿐이다.

차입 자본의 이용이라는 용어를 거론하면 무척 세련되고 지혜로운 사람처럼 보인다. 대체 이 말은 무슨 뜻일까? 간단히 설명하자면 차입 자본의 이용이란 '자기 것도 아닌 돈으로 분에 넘치는 물건을 산다는 뜻' 이다. 어떤 사람들은 차입 자본의 이용이 부자가 되는 비결이라고 말하지만, 유대인들은 그것을 오히려 파산의 비결로 간주해왔다.

차입 자본으로 150달러짜리 구두 한 켤레를 구입하든 혹은 임대 부동산을 매입하든 빌린 돈을 이용하는 한, 당신은 지금 분수에 맞지 않는 물건을 구입하거나 향유하고 있는 것이다. 유대인들은 그러한 태도의 끝을 "결국 우주 만물이 네게서 등을 돌릴 것이다."라는 표현으로 경고

해왔다.

압류 당하는 부동산은 모두 한때 은행에서 대출을 승인한 자산이었다. 융자를 받을 때는 은행이 앞으로 당신에게 돌려받을 액수가 아니라 당신이 은행에 돌려줄 수 있는 액수를 정해야 마땅하다. 필요한 것과 원하는 것의 차이를 이해해야 한다는 말이다.

당신이 빌리는 돈은 은행에서 빌려주려는 돈에 훨씬 못 미쳐야 한다.

앞서 말했듯이 융자금은 연봉의 두 배를 넘지 말아야 하며, 가능하다면 연봉보다 적은 편이 가장 이롭다. 집은 축복이어야 하지만, 당장 집을 구입하는 데 흥분하여 은행이 원하는 대로 양껏 융자를 끌어온다면 그 집은 축복이 아닌 당신 삶의 균열을 일으키는 재앙으로 변할지도 모른다. 단 하루라도 빨리 당신이 그토록 원하는 부자가 되고 싶다면, 당신의 사전辭典에서 차입 자본의 이용이란 단어는 없어져야 한다.

나는 임대 부동산을 소유하고도 그로 인해 발생하는 심각한 문제들 때문에 골머리를 앓고 있는 많은 사람들을 우연히 지켜볼 기회가 있었다. 그들은 세입자를 구하는 데 어려움을 겪거나 예상보다 세금과 유지비가 많이 든다는 사실을 뒤늦게 깨달은 사람들이었다. 하지만 거액의 융자금을 갚을 필요가 없다면 그 정도는 전혀 문제가 되지 않을 것이다.

그렇다고 유대인들이 부동산 투자에 반대하는 것은 아니다.

은행의 돈으로 투자하는 데 반대할 뿐이다. 만일 그것이 그토록 수지맞는 투자라면 애초에 은행은 당신에게 돈을 빌려주지 않을 것이다. 그들이 직접 그 부동산을 매입할 테니 말이다.

은행에서 대형 건물을 매입하지 않는 것은 결코 다른 사람의 행복을 위해서가 아니다. 그들은 당신이 상상할 수 없을 정도로 많은 감정평가 전문가와 수익 전문가, 그리고 투자 관련 변호사들을 거느리고 있으며, 그런 전문가들이 계산기를 두드려보고 위험을 분석한 결과, 직접 투자보다는 당신에게 돈을 빌려주는 쪽이 훨씬 안전하고 유리하다는 결론을 도출했기 때문이다.

그렇다면 우리는 좀더 현명한 방식을 선택해야 한다. 즉 백만장자가 되기를 기대한다면 돈을 빌려 투자하는 방식은 따르지 말아야 한다는 점이다.

유대인들은 종종 "탐욕이 최악의 재정 고문"이라고 가르친다.

유대인들이 보기에 차입 자본의 이용이란 자신의 탐욕을 못 이겨 '지옥으로 향하는 대출의 문' 을 열어젖히는 행위로 보이는 것이다. 누구나 알겠지만 신화에서 지옥은 엄청난 고통과 불편, 불안의 온상이다. 유대인들은 이 세상에서 차입 자본만큼 지옥에 더 가까워지는 길을 떠올릴 수가 없다.

투자 대신 카지노를 선택할 것이 아니라면, 뮤추얼 펀드 대신 슬롯머신을 이용할 생각이 아니라면, 그리고 적금계좌 대신 룰렛에 돈을 걸 생각이 없다면 차입 자본으로 도박할 이유가 어디 있겠는가?

열 번째
공리
실천법

차입 자본의 이용이란
'분에 넘치는 물건을 산다는 뜻' 이다.

당신에게 필요한 돈보다 더 많이 빌려주겠다는
은행의 제안에 유혹당하지 마라.
결국 엄청난 이자를 지불하게 될 것이다.

11

열한 번째 공리

보험에 속지 마라

세상에 가장 믿지 못할 사람은 돈을 주면 인생을 책임져주겠다는 사람이다.

– **베이컨** –

이집트 재정적 고난에서 탈출하는 길은 유턴으로 가득하다. 이 책은 몇몇 출구와 휴게소의 이름을 당신에게 알려줄 것이다. 지금 여기서 멈춘다면 이집트에서 빠져나와 부의 땅으로 향하는 길은 멀어지고 말 것이다.

보험

대개 보험이라고 하면 당신이 적극적으로 찾아나서기보다는 누군가가 당신에게 판매하는 것이라고 생각하기 십상이다. 일반적으로 보험설계사는 당신에게 종신 보험을 팔고 싶어 한다. 이런 보험 상품은 일정 기간이 지나면 일정 액수의 돈을 돌려준다고까지 약속한다. 하지만 이것은 절대로 걸려들지 말아야 할 합법적인 약탈이다.

문제는 종신 보험료가 당신이 수입을 벌어들이는 기간 동안만을 보장하는 기간 한정 보험료보다 평균 10배나 더 높다는 점이다. 종신 보험은 당신에게 사고가 발생하면 특정한 액수를 보상받겠지만, 만기가 되면 한 푼도 받지 못한다.

대신 당신은 훨씬 더 수익성이 높은 의미 있는 투자 상품에 같은 돈을 투자할 수 있다. 만일 기간 한정 보험료와 종신 보험료의 차액이 매월 200달러(약 21만원)라면, 이 돈을 연간 12퍼센트의 수익을 제공하는 분야에 투자한다면 30년 후 당신의 돈은 약 71만3천 달러(약 7억5천만 원)로 불어날 것이다.

:: 인생을 위한 투자

초기 자금	200달러(약 21만원)
햇수	30년
추가 불입금	매달 200달러(약 21만원)
수익률	매달 복리12퍼센트
30년 간 총 불입금	7만2천 달러
최종 가치	71만3천 달러(약 7억 5천만 원)

보증 보험 상품

판매원들은 휴대폰이나 전자 제품을 구입할 때 사용기간 동안 분실이나 파손에 대한 보증 보험에 가입하라고 부추긴다. 이런 조건으로 상품을 구매하면 보증 기간 동안 돈을 지불해야 한다. 다른 일반적인 보험과 마찬가지로 보증 보험에 가입한 상품은 구입할 때는 괜찮아 보이지만 막상 필요할 때가 되면 사정이 달라진다.

내가 사용하는 휴대폰의 판매업체는 사용 기간 동안 분실이나 파손을 보증해주는 대가로 매달 5달러(약 5,250원)를 청구한다. 이 돈으로 휴대폰을 분실하거나 파손했을 때 전화기를 교체하는 비용을 충당해준다는 것이다. 그러나 실제로 교체할 상황이 발생하면 50달러(약 5만3천 원)를 추가로 납부해야 휴대폰을 중고 모델로 교체해준다. 이는 결국 현재의 휴대폰을 사용하는 대가로 추가 요금을 징수한다는 뜻이다. 뿐만 아니라 대개 같은 상점에서 중고 모델을 새 휴대폰보다 훨씬 저렴한 가격으로 판매한다. 결과적으로 이런 보증 보험은 또 다른 형태의 합법적 약탈임을 알 수 있다. 분실되거나 파손되면 그때 가서 더 합리적인 대안을 생각해도 늦지 않다. 이런 제도에 현혹되지 말고 절약한 돈을 다른 곳에 투자할 것을 권한다.

은행 수수료

은행의 역할은 우리의 저축을 돕는 것이어야 한다. 다시 말해 은행이 당신에게 돈을 청구하는 일은 없어야 한다. 하지만 현금자동입출금기Automatic Teller Machine, ATM 사용에 수수료를 부과하거나, 계좌이체 혹은 타행 송금에 수수료를 부과하는 은행이 많이 있다. 일부 은행에서는 일반 무이자 계좌를 유지하는 경우에도 요금을 부과한다.

사정이 그런 만큼 계좌이체나 타행 송금에서 수수료가 발생하지 않는 방법을 찾아 이용할 필요가 있다. 한 달에 10번 이상 송금 수수료를 부담하는 사람의 경우, 한 해에 은행 수수료만으로 200달러(약 21만 원) 이상을 지불하게 된다. 이것은 분명히 당신의 포도밭을 해치는 작은 여우에 해당한다. 수수료를 지불하지 않는 방법은 찾아보면 분명히 존재한다. 그러기 위해선 당신이 주로 이용하는 지역의 은행 시스템을 조사해 무료 서비스를 충분히 파악해둘 필요가 있다.

자동차 리스

자동차 리스란 일정 기간 동안 자동차를 빌린다는 뜻이다. 리스는 차량 대금의 일부원래 차량가격의 약 20~30%를 보증금으로 지불하고 각종 세금을 포함한 나머지 금액을 정해진 기간 동안 매월 분납하며 자동차를 빌려 타는 시스템이다. 리스 기간이 끝나면 자동차의 잔존 가치를 지불해야 하는데, 이때 자동차의 실제 가치는 리스를 시작할 시점의 MSRP Manufacturer's Suggested Retail Price | 생산자 권장 가격보다 더 높거나 낮을 수 있다.

예컨대 5만 달러짜리 차를 3년 동안 리스로 탈 경우, 기간이 만료될 무렵의 잔존 가치는 1만5천 달러보증금 30%일 경우가 될 것이다. 반면 같은 모델의 3년 된 중고차를 현금으로 구입할 경우 약 2만5천 달러에 구입할 수 있다. 3년 동안 6만 킬로를 주행한 차라면 새 차의 성능을 80퍼센트 정도 유지한다고 보았을 때, 자동차는 약 2~3년 정도 된 주행거리 5~6만 킬로 이내의 차를 구입하는 것이 가장 현명하다고 볼 수 있다.

리스로 자동차를 타면 자동차가 자신 앞으로 등록되지 않아 각종 세금을 공제 받으니 똑똑하고 세련된 방법이라고 자부하는 사람들을 흔히 본다. 하지만 그보다 훨씬 저렴한 가격으로 새 차의 80퍼센트 정도의 성능을 유지하는 중고차를 살 수 있다는 사실을 감안하면 자동차 리스는 판매자에게 유리한 방식이지 결코 구매자에게 유리한 방식이 아니다. 그야말로 재정적인 면에서 어리석기 짝이 없는 선택인 것이다. 세금 공제는 단지 판매를 위한 합리화일 뿐이다.

어떤 경우든 자동차의 가격은 당신의 두 달 수입을 넘지 말아야 한다. 개인적으로 나는 한 달 수입과 맞먹는 자동차를 사야 한다고 생각한다. "탈것과 입을 것에는 분수에 못 미치게 투자하라."는 유대의 격언을 반드시 기억하기 바란다.

타 임 쉐 어

보험과 마찬가지로 타임쉐어공동소유자 여러 명이 일정 기간 동안 돌아가면서 이용하는 휴가시설, 한국의 콘도시설 같은 개념 - 옮긴이는 대개 당신이 원해서 구하려 다니기보다는 누군가 당신에게 판매하는 상품이다. 흔히 놀이공원의 할인권이나 주말여행 같은 선물을 제공하면서 매우 교묘한 방식으로 타임쉐어를 광고한다. 한 번은 나의 아내에게 '3M 보트'에 당첨되었으니 타임쉐어 설명회에 참석만 하면 상품을 받아갈 수 있다는 연락이 왔다. 하루 종일 지루한 선전을 듣고 난 다음 아내는 상품을 받고 설명회장을 나섰다. 선물은 성인 남자 세 명이 탈 만큼 큼직하지만 아이들 물놀이 튜브로는 어울리지 않는 공기 주입식 고무보트였다.

타임쉐어를 구입하려면 거금이 들지만 당신이 얻는 것은 고작 호텔 방의 일부에 대한 소유권에 지나지 않는다. 물론 일정 기간마다 한 번씩 호텔 방을 사용할 수 있을 것이다. 문제는 당신이 주인이기 때문에 매달 유지비를 지불해야 한다는 점이다. 결국 온라인에서 가장 합리적인 가격을 찾아 투숙한 옆 방 손님과 동일하거나 비슷한 리조트에 머물기 위해 몇 배나 더 많은 비용을 지불하는 셈이다.

타임쉐어를 소유하면 유지비에 시달리기 십상이다. 타임쉐어를 매각하더라도 투자액을 전액 돌려받지 못하는 게 대부분이다. 타임쉐어를 매입해 부자가 된 사람을 내게 가르쳐준다면 나는 당신에게 브루클린 다리Brooklyn Bridge를 매입했다면 더 부자가 될 수도 있었던 사람을 보여줄 것이다. 타임쉐어는 '싸구려' 호텔에 들어가는 가장 '비싼' 방법일 뿐이다.

장례 상조

장례 상조는 앞으로 언젠가 필요해질 장례식을 위해 지금 돈을 지불하겠다는 상조회사와의 합법적인 계약이다. 이 계약에는 장례식, 매장, 화장, 혹은 장례와 관련된 다른 서비스와 상품이 포함된다. 사람들은 대개 강압적인 판매사원의 말이나 광고에 현혹되어 두려운 마음으로 장례 상조에 가입한다. 나중에 근사한 장례식을 치를 만한 돈이 없을지도 모르며, 가족에게 장례비용을 떠맡기고 싶지 않다는 생각에 사로잡힌다.

하지만 상조회사가 장례비용을 전액 부담하는 계약은 거의 없다는 점을 잘 살펴야 한다. 이따금 상조회사가 문을 닫거나 다른 회사로 넘어가는 경우도 있다. 장례 상조 계약이 100퍼센트 이행될 것이라는 보장이 없는 것이다.

재정 상태와 상관없이 죽음은 언제나 가족에게 불편한 일이다. 사랑하는 가족이 세상을 떠나면 당신도 마찬가지 상황에 처할 것이다. 가족에게 장례식을 치를 돈을 모아주고 싶다면 차라리 그 돈을 투자해서 상조회사가 아니라 자신을 위해 돈을 불리는 편이 나을 것이다.

부동산 거품 지역에서 주택 매입하기

감당할 수 없을 만큼 집값이 비싼 지역에 집을 사면 어떨지 고민하고 있다면 답은 간단하다. 사지 마라.

지역마다 집값 거품이 적은 동네가 있다. 좀 더 열심히 조사해야 할 뿐더러, 이를 테면 출퇴근 시간이 더 많이 걸리더라도 타협해야 할 경우도 있다. 당신의 자금 능력으로 감당하기 버거운 집을 산다면 냉장고를 짊어지고 마라톤을 하는 것이나 다름없다.

열한 번째 공리 실천법

종신 보험보다는 정기 생명 보험을 선택하라.

보증 보험이나 자동차 리스 같은
상품의 실제 비용을 조사하라.
사실을 알지 못한 채 판매사원의 말에 이끌려
무언가를 구매하는 일은 없어야 한다.

12

열두 번째 공리

인색하지 않은 겸소함을 추구하라

돈은 자유와 자립을 의미한다.

– E. E. 빌스 –

부로 향하는 길에서 쉽게 기쁨을 찾는 사람들은 대부분 몇 가지 사실을 알고 있다. 그들이 진정한 가치를 이룩하는 중이고, 투자하는 모든 돈이 수익을 거두며, 매일 자신의 목표에 조금씩 가까워진다는 사실을 안다는 점이다.

하지만 부를 쌓기 위해 노력하는 동안에도 우리는 여전히 인간다운 삶을 원한다.

여행하고 외식을 하며 삶을 즐기고 싶어 한다. 그러나 성숙함의 첫 번째 증거가 있다면 기쁨을 잠시 미루는 능력이라 할 것이다. 아이들이 원하는 것을 얻지 못했을 때 울음을 터트리는 것은 바로 기쁨을 잃었기 때문이다. 이를 테면 유대의 전통(다른 종교적 전통에서도 마찬가지일 테지

만)에서 성인이라면 누구나 하나님이 욤 키푸르Yom Kippur | 유대교의 속죄일에 명했듯이, 하루 종일 음식이나 물을 입에 대지 않는 자제력을 갖추어야 한다.

역사적으로 유대인들은 고난과 심각한 사회적 제약을 극복하고 살아남는 것은 물론이고 경제적으로도 막대한 성공을 일구어냈다. 중세 유럽에서는 유대인들이 토지를 소유하지 못하도록 부동산 소유를 금지했다. 교회는 기독교인들이 특정한 직업을 가지지 못하도록 규정하면서 아울러 유대인들에게도 다양한 법적 제약을 가했다. 유대인들은 세금 징수, 금전대출업, 행상, 그리고 주류 사업 등 허용된 일만 해야 했다.

이런 제약은 19세기까지 계속되었는데, 그 때문에 당시 동부 유럽 주류 업계는 대부분 유대인들이 지배했다. 유대인들이 양조장뿐만 아니라 술을 판매하는 바와 선술집을 소유했기 때문이다. 따라서 기독교 집안의 조신한 여자가 집에서 도망쳐서 일자리를 구할 경우 결국 일자리가 많은 유대인 사장이 경영하는 가게에서 일하게 될 확률이 높았다. 가족과 이웃이 그녀가 어디로 사라졌는지 궁금해 하면 누군가 "유대인에게 끌려갔다."고 대답할 것이 분명했다.

어쩔 수 없이 세금을 징수하거나 집세를 받거나 돈을 빌려주고 이자를 받는 것 등의 일을 하게 된 유대인들은 금이 없는 사람들에게는 물건을 담보로 받았다. 대개 보석을 담보로 받았는데 이는 대부분 대대로 물려온 가보들이었다.

하지만 안타깝게도 대출금이나 미납 세금의 담보인 보석은 주인에게는 값으로 따질 수 없이 값진 것이었겠지만, 유대인 징수원은 낮은 가격을 책정할 수밖에 없었다. 그래서 어떤 어머니가 "유대인들이 가보를 모두 빼앗아 갔기 때문에 딸에게 지참금으로 줄 보석이 없다."고 한탄할 때면, 유대인들은 탐욕스럽고 사악하다는 소문과 함께 유대인에 대한 반감이 더욱 커져갔다.

이런 고정 관념은 유럽 기독교 문화에 매우 중대한 의미가 있었다.

어쨌든 유대인들은 신의 살해자Deicide, 즉 예수 그리스도를 죽인 사람으로 비난을 받았고 교회와 대중문화는 이런 생각을 더욱 부채질했다. 셰익스피어의 『베니스의 상인The Merchant of Venice』에서 대출금의 담보로 1파운드의 살을 요구했던 샤일록Shylock이 등장했을 때 사실 유대인들은 이미 200년여 년 전에 유럽에서 추방된 상태였다. 따라서 셰익스피어는 십중팔구 유대인을 직접 만난 적이 없을 터였다. 그런데도 이 같은 부정적인 고정 관념은 사라지지 않았다.

살아남아 성공한 유대인의 역사에서는 유대인을 어떤 사회에서든 적응해 부지런히 일하는 민족으로 묘사했다. 그들은 고난의 시기에도 가장 관대한 민족이었다. 오늘날 전 세계 유대인의 수는 1,400만 명이 채 되지 않는다. 이에 비해 대부분의 석유와 천연 자원을 소유한 이슬람교도는 거의 20억 명에 달한다. 하지만 세계 주요 도시에서 마운트 시나이Mt. Sinai, 세다스 시나이Cedars Sinai, 혹은 앨버트 아인슈타인Albert Einstein이라는 이름의 병원들이 최고로 인정받고 있다. 유대인들이 기부한 돈으로 설립된 병원들이기 때문이다. 유명 대학교를 찾아가 보면 유대인 기부자들과 장학금 제공자들이 얼마나 많은지 깨닫게 될 것이다. 유대인들은 자선 단체에 가장 많은 돈을 제공하는 기부자일 뿐만 아니라, 물건의 본래 가치를 인식하는 현명한 소비자들이다.

유대인과 다른 문화 집단의 결정적이고도 중대한 한 가지 차이점이 있다.

유대인은 부富야말로 하나님과 협력하는 수단이고, 이 땅에 하나님의 왕국을 세우는 방법이며, 흔히 티쿤 올람tikkun olam이라고 일컫는 '세상을 완성하는 개념' 이라고 생각한다. 우리는 하나님이 주신 부를 이용해 이 행성에서 하나님의 영역을 넓힘으로써 세상을 완성한다. 따라서 유대인은 부를 추구하는 동시에 개인적인 목적을 이룰 뿐만 아니라 자선을 베풀기 위해 노력한다.

나는 장난감을 가지고 즐거움을 추구하는 일에 반대하지 않는다. 사실 나도 장난감을 좋아한다. 그러나 장난감이 집착의 대상과 사람의 품성을 결정하는 요인이 될 수 있는 탓에 이따금 부와 즐거움이라는 두 마리 토끼를 모두 잡기가 어렵다는 데 스스로 경각심을 일깨우곤 한다. 내가 아는 사람 가운데 무척 열심히 일하고 돈을 많이 벌면서 언제나 검은색 신형 벤츠를 모는 부인이 있다. 그녀는 2년마다 한 번씩 대리점을 찾아가 최신형 모델을 리스로 계약한다. 이 물건으로 자신을 정의하는 것이다. 문제는 어떤 물건이 당신을 소유하는 순간 그것은 우상이 되고 우상 숭배의 습관이 된다. 우상 숭배는 언제나 조물주가 당신에게 내리쬐려는 빛을 차단한다.

하나님의 원칙을 따르고, 자신이 원하는 자동차라면 어떤 것이든 선택할 수 있는 시점에 도달한 사람들이 상담 중에 가끔 내게 이렇게 묻는 경우가 있다.

"랍비님, 예산이 걸림돌이 되지 않는데 내가 지나치게 비싼 자동차를 사는 것이 아닌지 어떻게 알 수 있을까요?"

그 때마다 나는 만일 자동차를 구입했을 때 다른 사람들이 자동차를 타고 있는 자신을 쳐다보는 그림이 떠오른다면 '지나치게 비싼 자동차를 산 것'이라고 답한다. 자동차가 '남의 이목을 받는다면' 이는 당신뿐만 아니라 야수를 태우고 간다는 뜻이다.

저녁식사로 스테이크를 먹는다면 호사라고 생각할 것이다. 하지만 한 달 내내 아침, 점심, 저녁으로 스테이크를 먹는 것은 고문이다. 저低탄수화물 식단을 즐기는 사람들이라면 무슨 뜻인지 이해할 것이다. 저탄수화물 초콜릿이나 저칼로리 맥주, 저탄수화물 샌드위치, 저탄산 음료수 등이 시장에 등장한 것은 바로 이 때문이다.

부를 쌓는 방법도 이와 똑같은 원칙을 따른다. 이따금 자신에게 보상하고 삶을 즐길 기회를 주어야 하지만 정도에서 벗어나서는 안 된다는 말이다.

부를 이루기 위해 노력하는 동안 우리는 대개 다음 세 가지 방법으로 즐거움을 추구한다.

첫째 일반 상식을 이용한다. 둘째 야수를 먹인다. 셋째 스스로 결정한다. 이제 그것들 하나하나를 살펴보기로 하자.

'일반 상식' 이용하기

'평범한 조Average Joe', 즉 일반인은 호텔에 가서 정해진 가격을 지불한다. 저녁 식사를 위해 레스토랑에 갔는데 1인당 30달러(약 3만2천원)가 청구되었다면 평범한 사람들은 다른 사람들처럼 30달러를 지불한다. 요구된 액수를 지불하는 것이 상식이라고 생각하기 때문이다. 그들은 특가, 적립 카드, 쿠폰을 제공하는 식당이 많다는 사실을 모르거나 무시한다. 나는 식품점에서 유월절 와인을 20퍼센트 할인하는 쿠폰을 받은 적이 있다. 그 작은 종잇조각을 가져온 덕분에 유대 회당의 경비를 200달러(약 21만원)나 줄일 수 있었다.

미국의 '일반 상식' 이라는 개념의 문제는 그것이 우리의 한정된 쇼핑 경험에서 비롯되었다는 사실이다. 까르푸나 월마트에서 쇼핑하는 미국의 일반 소비자는 광고된 가격을 지불한다. 하지만 세계 대부분의 지역에서 소비자들은 시장의 다양한 소규모 노점에서 물건을 선택하며, 이때 가장 유리한 가격으로 사기 위해 상점 주인과 직접 흥정한다. 따라서 이처럼 소규모 자영 시장에서 '일반 상식' 을 발휘한다면 당연히 더 저렴한 가격으로 더 많은 것을 얻을 수 있다.

월마트에서 만나는 사람들(사실 우리가 만날 가능성이 있는 두 사람은 맞이하는 사람과 계산원뿐이다)과 흥정하는 전통이 없다고 해서 똑같은 도구를 쓸 수 없다는 뜻은 아니다. 진정한 일반 상식을 이용하고 싶다면 약간 더 깊이 조사해야 한다는 뜻일 뿐이다. 모든 물건에는 할인 가격이 존재한다. 당신의 임무는 이것을 찾는 일이다. 이따금 지역

신문을 찾거나 회사 이름에다 쿠폰이라는 단어를 덧붙여 인터넷에서 검색하기만 하면 된다. 이제 당신은 자신이 진심으로 원하는 것을 얻기 위해 '일반 상식'을 이용하는 것이 일반 상식이 아님을 배웠을 것이다.

야수 먹이기

지성을 판단하는 한 가지 척도는 언뜻 보면 모순인 것 같은 개념을 파악하는 능력이다. 여러분은 이 책을 구입할 만큼 똑똑하다. 따라서 야수를 만족시키기 위해 돈을 탕진하는 것은 우상 숭배인 동시에, 하나님이 제공하는 정당한 즐거움을 스스로 박탈하는 일 또한 우상 숭배라는 개념을 이해할 수 있을 터이다.

야수처럼 쾌락을 추구하는 사람은 즉각적인 결핍을 충족시키고 의미 없는 소망을 이루기 위해 노력한다. 화려한 테두리가 마음에 들어서 어떤 자동차를 선택하거나 침실 벽장이 더 필요하다는 생각에 침실이 세 개인 아파트에 세를 든다면 이는 야수에게 먹이를 주면서 쾌락을 추구하는 태도이다. 다른 사람의 이목을 끌기 위해서라거나 혹은 지나치게 많이 무언가를 사는 것 역시 야수를 키우는 일이다.

구두쇠는 만사에 인색한데 이 또한 탐욕스러운 야수를 키우는 방법이다. 구두쇠는 95센트짜리 아침 식사를 하고서 집에서는 45센트로 같은 음식을 만들 수 있다고 투덜댄다. 구두쇠는 흔히 그리 행복하지 않다. 가족보다 돈을 더 사랑하는 탓이다.

따라서 즐거움을 추구하는 일이 잔치나 굶주림이 되어서는 안 된다.

항상 야수를 통제해야만 한다. 결코 야수를 죽일 수는 없다. 앞서 언급했듯이 우리에게는 야수의 성향도 필요하다.

유대 사회에 전해 내려오는 한 이야기에 따르면, 랍비들이 인간의 사악한 성향야수이 사라지기를 기도했다. 하지만 그들은 곧바로 사악한 성향이 다시 나타나기를 기도했다. 유대인들이 아기를 낳지 않았기 때문이다.

요점은 우리의 모든 욕구를 일으키는 동시에 건전한 쾌락을 추구하는 야수를 굶기거나 지나치게 먹이지 말고 통제해야 한다는 사실이다.

스스로 결정하기

본인이 가질 만한 자격이 있다고 생각하는 물건을 쇼핑할 때 스스로 결정하는 사람들은 광고하는 물건이 아니라 진심으로 사고픈 물건이 무엇인지 상황을 살피면서 판단한다. 검은색 정장 구두를 사러 갔다가 파란색 테니스 운동화를 사는 사람이 얼마나 많은가?

내가 직접 경험한 가장 적절한 사례가 있다. 우리 가족은 길이가 약 2마일이고 주민이 1만8천 명 정도인 마이애미비치Miami Beach의 한 아담한 도시로 이사를 갔다. 아파트를 둘러보다가 우리의 희망사항에 완벽하게 어울릴 만한 해변의 아파트를 발견했다. 잠시 후 부동산 중개업자는 좀 더 낡은 건물에 있는 같은 크기의 다른 아파트도 보여주었다. 해변은 아니지만 해변에서 한 블록 떨어져 있는 아파트였다.

그 건물은 약간 더 낡았고 편의시설도 더 적었으나 마음이 움직이는 한 가지 특성이 있었다. 홀로코스트에서 살아남은 유대인 노인들이 많이 살고 있었던 것이다.

아내와 나는 두 아파트 건물의 물리적인 차이는 그리 중요하지 않다고 판단했다. 오히려 우리 가족이 홀로코스트의 생존자들과 직접 친분을 맺을 수 있는 최후의 세대가 될 테니 특별한 기회라고 느꼈다. 돈으로 따질 수 없는 기회처럼 보였다. 우리는 결국 해변에서 한 블록 떨어진 아파트를 사기로 결정하고 뒤돌아보지 않았다. 지금도 우리 부부는 이 집을 구매할 당시를 떠올릴 때면 올바른 판단으로 선택한 행복한 결정이었다고 흐뭇해한다.

유대인들은 아이들에게 "스스로 무언가를 결정해야 할 때는 내면에서 울리는 북소리에 맞춰 행진하라."고 가르친다. 이것을 물건을 구입하는 상황에 적용해서 말하면, 판매원들에게 휘둘리거나 폭탄 세일을 한다고 해서 당장 뛰쳐나가 무언가를 구입해야 한다는 충동에 사로잡히지 말라는 의미이다.

무언가를 스스로 결정할 수 있을 때 우리는 중심을 찾고 자신과 더욱 가까워질 수 있으며 자신과 가족에게 진정으로 중요한 쪽을 선택할 수 있다.

그럴 때 우리는 외모에 더 이상 연연하지 않게 되고, 자신에게 더욱 진실해지며 다른 사람에게는 더 솔직한 자신을 보여줄 수 있게 된다. 자동차를 고를 때 특정한 브랜드를 산다면 어떨지, 혹은 다른 사람들이 그 자동차를 타고 있는 당신을 어떻게 바라볼지 걱정하지 않게 된다.

대신 진짜 그 자동차가 필요한지와 그 자동차가 당신에게 제공하는 구체적인 가치에 대해 생각하게 된다.

오늘 당장 2천 달러(약 210만원)짜리 선글라스를 살 수 있다. 이때 스스로 결정하는 소비자라면 2천 달러짜리 선글라스를 살피며 그것이 20달러짜리보다 적어도 100배 더 좋은지 판단할 것이다. 스스로 결정하려면 최고의 가치에 어울리는 최고의 품질을 얻기 위해 노력해야 한다. 나는 그것이 진정한 패션이라고 생각한다. 스스로 결정하는 사람들은 평범한 사람들과 똑같은 것을 원하지만, 액면 가격을 모조리 지불하지 않고 적절한 가격을 찾을 때까지 좀 더 둘러보는 것에 개의치 않는다. 스스로 결정하는 사람들은 또한 지불하고 싶었던 금액을 지불했다는 사실에서 특별한 즐거움을 얻는다.

세상 어디에서든 이런 세 부류일반 상식을 이용하는 사람, 야수를 먹이는 사람, 스스로 결정하는 사람의 사람들과 그들이 즐거움을 추구하는 방식을 발견할 수 있다. 비행기에서 옆자리에 앉은 사람이 당신보다 80퍼센트나 저렴하게 비행기 표를 샀을지도 모른다. 그리고 나중에 두 사람이 같은 호텔에 투숙했는데 비슷한 방에 두 배나 많은 돈을 지불했을지도 모를 일이다.

지금부터 유대인들이 보통사람들보다 훨씬 저렴한 가격으로 여행하고 외식하는 비결 몇 가지를 알려주고자 한다.

❖ 근사한 레스토랑에 가고 싶다면 점심을 먹으러 그곳에 가라. 저녁

메뉴보다 훨씬 더 저렴하다.

❖ 레스토랑에서 술을 마시지 마라. 와인과 술이 무척 비싸다. 레스토랑에서 버는 돈의 대부분은 술값이다.

❖ 항상 쿠폰을 찾아라. 지역 신문이나 온라인에서든 좋은 쿠폰을 찾을 수 있다. 나는 한 번은 아내와 함께 일주일 동안 마이애미에 갔는데 쿠폰을 사용한 덕분에 점심과 저녁을 먹을 때마다 할인을 받았다.

❖ 인터넷으로 비행기 표를 구입하라. 가장 저렴한 가격을 제시하는 온라인 여행 예약 사이트를 살펴보고 항공사 웹사이트에서 더 저렴한 요금을 제공하는지 확인하라. 중간 기착지를 거치는 항공편이 있는데 조금만 인내심을 발휘하면 다양한 선택권과 자신에게 적합한 항공편을 찾을 수 있다.

나는 여행을 좋아하며 호텔에서 오랜 시간을 보내는 까닭에 언제나 저렴한 가격을 찾는다. 대개 Hotwire.com을 이용하는데, 단지 예약해서 돈을 지불해야 어떤 호텔에 묵게 될지 확인할 수 있다는 단점이 있다. 하지만 호텔이 위치한 도시와 호텔 등급별 세 개, 네 개 등은 미리 알 수 있다. 나는 이런 정보를 자세히 살피는 방법으로 지금까지 몇 차례 대단히 저렴한 가격으로 호텔에 투숙한 경험이 있다.

좋은 예로 캘리포니아 여행을 들 수 있다. 나는 뉴올리언스New Orleans를 출발해 미니애폴리스Minneapolis를 거친 다음 로스앤젤레스

국제공항Los Angeles International Airport에 도착했다. 4성급 호텔인 쉐라톤Sheraton에서 사흘 동안 투숙했고 렌터카를 빌렸다. 전체 여행 경비는 700달러(약 73만 원)가 채 되지 않았는데, 이는 뉴올리언스에서 LA 직항 항공편을 탈 수 있는 정도의 금액에 불과했다.

나는 죽음을 앞두고 말년을 보내는 수백 명의 사람들을 만나서 함께 어울리는 특별한 영광을 누렸다. 그리고 훗날 이들이 세상을 떠났을 때 그들의 가족과 이야기를 나누며 사랑하는 가족의 가장 소중한 순간을 음미하도록 도왔다.

가족은 거의 하나같이 가족의 공원 나들이, 운동장에서 놀았던 추억, 혹은 해변에서 보냈던 하루가 인생에서 가장 소중한 순간이었다고 말했다.

중요한 거래를 성사시킨 날이나 새 집을 마련한 날, 혹은 주식을 분할하던 날을 자신이나 가족의 인생에서 가장 중요한 날이었다고 말하는 사람을 나는 지금껏 본 적이 없다. 우리 인생에서 진정으로 중요한 것은 사랑하는 사람들과 보낸 순간이라는 뜻이다.

어떤 식으로 재정을 관리하든 상관없이 가장 소중한 교훈은 이것이다. 오늘날 사람들은 흔히 사랑하는 사람들과 함께 있을 수 있는데도 필요도 없는 물건을 사기 위해 지나치게 많은 시간을 일에만 쏟아 붓고 있다.

스스로 결정하는 사람이 되려면 가족에게 돈을 쓰기보다는 함께 지내는 시간의 가치를 가르쳐야 한다. 신용 카드로 구매한 물건의 대금을 갚기 위해 오랜 시간 일해야 하는 상황으로 자신을 몰고 갔다면 이는 당신이 사랑하는 사람들과 함께 시간과 선물을 나누기보다는 그야말로 그런 물건을 숭배해왔다는 뜻이다.

사람들은 언제나 인생이 짧다고 투덜댄다. 하지만 그것은 너무 오랜 시간을 허비한 다음에야 비로소 진정한 삶을 시작하기 때문일 것이다.

열두 번째 공리 실천법

인색하지 않고 검소하게 생활하는 일은 얼마든지 가능하다.

과소비 없이 여행과 외식 같은 활동을 즐길 방법을 찾아라.

사랑하는 사람들과 함께 지내는 시간이
돈보다 훨씬 소중하다는 사실을 깨달아라.

13

열세 번째 공리

모든 투자는 분산이 승리한다

동전은 하늘에서 떨어지지 않고 여기 지상에서 벌어야만 하는 것이다.

– **마거릿 대처** –

아마 역사상 가장 유력한 유대인은 요셉Joseph이었을 것이다. 요셉은 파라오에 버금가는 대단한 인물이었다. 그는 이집트의 자원을 비축했다가 시장의 수요가 가장 높을 때 판매하는 방법으로 7년간 이집트의 부귀영화 시대를 이끌었다. 이집트는 요셉의 지휘에 따라 현재 미국의 지위와 비슷한 당대 최대 강국이 되었다.

요셉은 후대의 많은 유대인들이 따르는 유대교 전통을 수립했으며, 민중들에게 더 나은 미래를 약속했다. 요셉이 이집트의 자원을 비축했던 일은 이른바 미래를 대비해 샬롬 펀드를 적립하는 것과 다를 바 없었다. 오늘날 유대인들 역시 이러한 요셉의 지혜를 한 치도 잊지 않고 살고 있다.

자신의 집을 마련하고 샬롬 펀드를 모았다면 이제 미래를 위해 투자할 때가 되었다.

투자라고 하면 사람들은 대개 '돈을 잃지 않을까?' 를 가장 먼저 떠올린다. 답은 물론 '그렇다' 이다. 하지만 지혜로운 단계를 따른다면 성공할 기회는 훨씬 더 많을 것이다. 중대한 투자를 시작하기 전에 집을 사고 샬롬 펀드를 마련하는 것도 그런 이유 때문이다. 일단 부채에서 해방되면 어느 정도 모험을 감행할 수 있다.

오늘날 유대인들이 자주 이용하는 가장 중요한 투자 방법을 이야기해 보고자 한다.

먼저 규칙으로 언제나 뮤추얼 펀드에 투자하라.

개별 주식을 매입한다면 이른바 한 바구니에 계란을 모두 담는 것이나 다름없다. 하지만 뮤추얼 펀드는 다른 회사의 주식을 10주나 기껏해야 100주씩 매입하는 것이다. 돈을 분산시키므로 매일같이 주식 시장의 변화에 대해 걱정할 필요도 없다. 당신이 참여한 뮤추얼 펀드에서 몇몇 회사가 파산하는 일이 발생하더라도 투자를 분산시켰으니 그리 큰 변수는 없을 것이다.

뮤추얼 펀드를 매입하는 또 다른 장점은 전문 펀드 매니저가 당신의 돈을 관리한다는 사실이다.

뮤추얼 펀드는 대개 이사회뿐만 아니라 고등교육을 받은 유능한 펀드 매니저가 관리한다. 그래서 뮤추얼 펀드가 보다 안전한 투자 도구인 것은 분명하다. 그들은 펀드 매니저와 이사회가 협의하며 파라오가 요셉에게 그랬듯이 조언을 주고받는다. 뮤추얼 펀드에 투자함으로써 일반인들도 상당히 똑똑한 사람들에게 돈 관리를 맡길 수가 있다. 심지어 투자를 계속하면서 조정이 필요할 때 매니저와 펀드의 성과를 분석할 수도 있다.

일부 펀드는 예외이지만 뮤추얼 펀드는 대부분 최소 초기 투자액을 약 2천5백 달러(약 260만원)로 규정한다. 이 한도액에 도달할 때까지 1년이 걸릴 수도 있다. 펀드 계정을 개설할 때 계정 빌더를 이용해 매달 일정 액수를 이체한다. 계정 빌더란 매달 당신의 은행 계좌에서 뮤추얼 펀드로 자금을 이체할 수 있는 도구이다. 계정 빌더를 이용하거나 직접 매달 적립하는 습관을 들이면 돈이 빠른 속도로 불어나는 것이 눈에 보일 것이다. 뮤추얼 펀드로 매입한 주식은 당신의 뒤를 지키는 재정적인 천사가 되어줄 수 있다.

가족이나 친구들이 주식 중개인을 소개해줄 테니 이용해보라고 추천할지 모른다. 하지만 이 방정식에 숨어 있는 단순한 삶의 진리가 있다. 만일 친구의 중개인이 정말로 훌륭하다면 그는 당신 같은 의뢰인이 필요하지 않을 것이다. 이미 자신이 직접 투자해 부자가 되었을 테니 말이다.

사실 중개업자는 당신의 돈을 투자하고 수수료를 챙겨서 돈을 벌려는 판매원에 지나지 않는다. 그들이 가진 시장 지식이라고 해봐야 당신보다 나을 것이 없으며, 그는 본인의 투자가 아니라 고객들로부터 모은 수수료로 퇴직 자금을 마련하는 중간 마진 업자이다. 중개업자들과 로드 펀드판매 수수료를 포함시킨 가격으로 판매하는 투자 신탁를 사거나 간접 투자를 하라고 부추기는 재정 컨설턴트는 멀리 해야 한다. 이 사람들은 당신의 이익 따위는 안중에도 없다.

신뢰할 만한 한 가지 뮤추얼 펀드는 인덱스 펀드이다. 이 펀드는 S&P500매년 포브스 지가 선정하는 우량 기업 500사 - 옮긴이나 나스닥NASDAQ | 한국의 코스닥과 같은 성장 기업 중심의 주식 거래시장 - 옮긴이 같은 재정 지수의 성과를 그대로 따른다.

당신의 포트폴리오를 위해 추천하는 다른 형태의 뮤추얼 펀드로는 성장 뮤추얼 펀드와 국제 펀드가 있다.

성장 펀드는 채권보다 주식에 더 많이 투자한다. 성장 펀드를 선택하면 다양한 회사의 작은 조각을 사는 것이나 마찬가지이다. 이름에서 알 수 있듯이 이들 회사가 성장할 것이라는, 다시 말해 회사가 성장하면서 가치가 커질 것이라는 기대에서 이 펀드를 선택한다. 하지만 더 높은 수익을 약속하는 성장 펀드에는 약간 더 높은 위험도 따른다.

국제 펀드는 국외 기업에 투자하는 펀드이다. 국제 펀드에 투자하는 경우에 주의할 점은 해외의 국제 테러 행위, 학살, 아동 노동, 혹은 다른 악행을 부채질하는 일이 없는지 투자 대상 국가나 기업을 조사하고 확인해야 한다. 국제 펀드는 대부분 펀드 매니저에게 적어도 일부 자금을 자국 기업에 투자하도록 허용하는 조항이 있다.

뮤추얼 펀드는 장기간 소유해야 빛을 발한다. 지난 반세기 동안 뮤추얼 펀드의 수익률은 평균 12퍼센트였으며, 10년마다 한 번씩 수익을 거두었다(언제나!)는 사실을 염두에 두어야 한다. 이것이 뮤추얼 펀드를 선택할 때 10년간 실적을 살피는 한 가지 이유이다.

'로드' 펀드는 절대로 사지 말라고 충고하고 싶다.

이는 주식 중개인으로부터 매입하는 펀드이며, '로드'란 중개인의 수수료이며 수수료가 매우 비싼 펀드도 있다. 로드 펀드의 실적은 비非 로드 펀드와 다를 바 없으나 중개인과 그의 회사에 수수료를 지급하므로 지출이 더 많다.

모든 뮤추얼 펀드에는 몇 가지 고유 수수료가 있지만, 당신이 지불하는 경비와 수수료가 2퍼센트를 넘어서는 안 된다. 뮤추얼 펀드의 평균 지출 비율은 대개 1.5퍼센트 미만이다. 아울러 전반적인 모닝스타 Morningstar | 금융 정보 제공 기업 등급이 별 네 개에 미치지 못하는 뮤추얼 펀드는 사지 않는 것이 현명하다.

유대인 부자들은 "자신의 돈을 투자하는 법을 배우는 것은 그리 복잡하지 않지만, 자신과 가족의 미래를 책임질 사람이 바로 자신이라는 사실을 한시도 잊지 말라."고 충고한다. 요셉 시대의 유대인들이 그러했듯이 우리는 가족을 위한 재정 설계사의 권한을 스스로에게 부여할 필요가 있다. 기근과 굶주림에 시달리던 와중에도 요셉은 전체 왕국과 국민을 보살폈으며, 침체의 시기에도 자신의 가족이 부를 누리도록 이끌었다는 사실을 항상 기억하라.

열세 번째 공리 실천법

뮤추얼 펀드는 많은 지식이 없어도
주식 시장에 투자하는 훌륭한 수단이다.

반드시 비(非) 로드 펀드를 매입하라.
로드 펀드를 선택한다면 투자를 판매한 중개인에게
높은 수수료를 지불하게 될 것이다.

14

열네 번째 공리

배려 계약서를 작성하라

빚에서 벗어나면 위험에서 벗어난다.

– **영국 속담** –

재정 게임은 단체 운동이다. 하나님은 홍수가 지나간 후에 노아Noah와 계약을 맺었고 훗날 아브라함과도 계약을 맺었다. 계약cavenant이란 양측의 합의이다. 부를 얻으려면 유대인들이 흔히 carevenant, 즉 '배려의 계약carevenant | 계약을 뜻하는 cavenant에 돌본다는 의미의 care를 덧붙인 조어' 이라고 일컫는 것을 가족과 맺어야 한다.

배려의 계약이란 당신이 가족과 미래를 위해 헌신할 것임으로 입증하는 동시에, 가족 또한 당신을 위해 헌신할 것을 서약하는 약속이다. 우선 재정적인 관점에서 현재 당신이 서 있는 위치와 앞으로 가고 싶은 위치를 솔직하게 살펴보라. 좀 더 부유한 미래를 위해 본인이 기꺼이 포기할 수 있는 것에 대해 이야기하고 가족에게 그들이 기꺼이 포기할 수 있는 것을 묻는다.

재정 생활을 개선하려면 모든 사람의 생각이 같아야 한다는 최소한의 조건이 충족되어야 한다. 당신과 당신의 가족은 방주에 함께 탄 노아와 그의 가족처럼 재정적인 면에서 같은 배에 몸을 실었기 때문이다. 이 방주의 모든 좌석 아래에 각각 작은 구멍이 있다고 상상하라. 방주에 물이 너무 많이 차서 가라앉는 일이 일어나지 않으려면 모든 가족이 자기 자리를 지키고 앉아 각자의 구멍을 막기로 약속해야 한다. 합리적인 재정 생활은 이처럼 온 가족이 각자 자신의 지출을 통제하는 개인적인 책임을 져야 한다.

이를 위해 유대인들은 자신과 가족, 그리고 하나님이 맺는 배려의 계약서를 만들어 사용하곤 한다. 열네 번째 공리의 마지막 페이지에 계약서의 양식을 실어놓았다. 이 계약서를 잘라내어 액자에 끼워 거실 탁자에 세워놓아라. 매일 거실에서 가족들과 함께 시간을 보낼 때마다 배려의 계약서를 바라보면 하나님이 당신에게 동물의 왕국을 지배할 능력을 선사했다는 사실을 끊임없이 되새기게 될 것이다. 유대인들은 하나님이 언제나 자신들의 내면의 야수를 길들이는 법을 배우도록 돕고 있다고 믿고 있다.

물론 배려의 계약은 법적인 효력은 없다. 그러나 가족들 사이에 믿음의 결속 같은 역할을 담당할 것이다.

랍비인 덕분에 나는 부부들과 상담할 기회가 많았다. 그 때마다 나는 그들에게 조화와 사랑뿐만 아니라, 돈 관계에 대해 즐겨 이야기한다. 당신과 배우자의 재정적인 사고방식이 일치하지 않는다면 결혼 생활이 그리 순탄하지 않을 것이다. 이혼의 첫 번째 사유는 거의 대부분 재정 문제라는 것을 통계조사들은 가르쳐주고 있다.

영어에는 사랑을 의미하는 단어가 하나이며 이는 성적 충동으로 해석된다. 고대 그리스에는 아가페agape를 포함해 사랑을 의미하는 단어가 여럿이었다. 아가페는 타협이나 희생을 의미하는데, 결혼 생활을 순조롭게 유지하는 모든 부부에게서는 이 사랑을 발견할 수 있다. 나는 이런 종류의 사랑이 결혼 생활의 전반적인 성공을 결정하며, 재정 생활에서도 상당 부분을 차지한다고 생각한다. 재정 목표를 성취하는 과정에는 언제나 약간의 희생이 따르며 이는 당신 혼자서는 할 수 없는 일이다. 상호 희생이 결혼 생활을 탄탄하게 유지하는 중요한 요소라는 사실을 당신과 배우자가 깨달으면 조화를 이루면서 가족의 재정을 함께 계획할 수 있을 것이다.

배려하는 마음으로 상대방을 대하라. 이를 테면 근사한 저녁 식사를 마치고 고급 와인 한 병을 마신 다음 배우자에게 다정하게 다가가 서로 묻고 상의하라.

"5년, 10년, 20년 후에 우리의 재정 상태는 어떨 것 같아? 지금 우리는 올바른 방향으로 가고 있는 것일까? 샬롬 펀드와 퇴직 자금, 지출의 우선순위를 현명하게 정리하면서 생활하기로 하자."

개인적으로 나와 아내는 한 계좌를 이용하면서 무언가를 구입할 때는 항상 서로 의논을 한다. 어떤 사람들은 그것을 상대방에 대한 간섭이라고 생각할지 모르지만, 유대인이 보기에 이것은 분명한 배려이다. 언제 어디서 구입했는지도 몰랐던 고급 모피 코트를 어느 날 아침 갑자기 꺼내 입는 아내를 보는 당혹스러움이나 차를 바꾸면서 상의 한마디 하지 않는 남편의 무례함을 상상해본다면, 부부가 지출에 대해 서로 충분히 의논하는 것은 결코 간섭이 아니라는 것을 어렵지 않게 깨달을 수 있다. 가족이 서로 배려하지 않으면 어떤 일도 성취할 수 없다는 것이 유대인들의 기본적인 가치관이다.

❈ 배려의 계약 ❈

우리의 하나님(신)이 임하신 자리에서

남편 ___________ 과(와) 아내 ___________ 의 가족은

소비에서는 현명하고

수입보다 적게 지출하며

언제나 자선을 베풀고

우리 노동의 결실을

친절과 아량의 마음으로

사용하기로 서약한다.

우리는 어떤 빚이나 지출을 가족에게 숨기지 않기로 약속한다.

우리는 더 멋지고 안정된 미래를 위해

서로 인내심을 지닐 것을 약속한다.

이것은 하나님(신)에 대한 진실한 약속이다.

우리는 신념을 가지고 사랑이 담긴 이 배려의 계약을 맺는다.

서명(가족 전원) ________________________________

열네 번째
공리
실천법

재정 문제를 항상 배우자와 긴밀히 협의하라.

가족들과 배려의 계약을 맺고
가족에게 재정 목표를 명확히 이해시켜라.

유대인처럼 배려 계약서를 작성하라.

15

열다섯 번째 공리

믿을 만한 사람에게 질문하라

자기 돈을 가난한 자에게 나누어주는 사람이 가장 탁월한 장사꾼이다.

– **제레미 테일러** –

유대의 회당시나고그에는 유대의 전통적인 가르침에 따라 막대한 재산을 모으면서도 분수를 지켜온 자신의 실제 경험을 이야기할 수 있는 신자들이 많이 있다. 개중에는 의사, 변호사, 판사, 정치인, 영화 관계자, 사업가들이 있다. 하지만 내가 특히 무척 만나고 싶었던 한 사람이 있었다. 그는 내가 언제나 재정 분야의 개인적인 멘토로 여겼던 사람이었다.

이 신사는 대단히 열심히 일을 한다. 그는 열정과 헌신으로 수백만 달러의 사업을 성공으로 이끌었다. 자기 분야에서 탁월한 인물이라는 평판을 받으며 회사 경영과 개인 재정에 항상 이디쉬 코프Yiddishe Kop | 유대인의 지혜를 적용한다. 나는 그에게 다음과 같은 질문들을 했다.

질문 **돈에 대한 당신의 첫 번째 기억은 무엇인가요?**

답변 초등학교 다닐 때 집안일을 하는 대가로 일주일에 45센트를 받았던 기억이 납니다. 당시에 영화표 한 장이 25센트이고 팝콘과 사탕이 15센트였으니 일주일 동안 일하고 남은 돈은 고작 5센트였지요. 어린 나이에도 일주일에 5센트를 저축하는 일이 얼마나 중요했는지 지금도 기억이 생생합니다.

질문 **유대인으로서 가정에서 돈에 대해 무엇을 배웠나요?**

답변 자립입니다. 저 스스로도 돈에 대해 부모님께 의존하고 싶지 않았습니다. 두 분의 희생에 감사할 따름이었죠. 늘 자립해야 한다고 배우고 또 생각하면서 자랐습니다. 어렸을 때부터 모은 돈으로 열여섯 살에 처음으로 제 차를 샀어요.

질문 **사람들은 대부분 월급을 생명줄로 생각합니다. 당신은 어떻게 생각하십니까?**

답변 월급은 배터리에 더 가깝지요. 그것은 에너지를 공급하는 도구일 따름입니다. 우리는 월급을 온전히 자신만을 위해 써야 하는 돈이라고 생각합니다. 하지만 기본적인 욕구를 해결한 다음에는 다른 사람들을 돕는 데 써야 합니다. 남을 도와보면 돈을 버는 진정한 의미를 깨달을 수 있습니다. 마음가짐과 실천에 따라 배터리는 더 큰 용량으로 얼마든지 바뀔 수 있습니다.

질문 **누군가에게 돈을 모으는 방법을 간단히 가르친다면 어떻게 말씀하시겠습니까?**

답변 돈을 모으고 미래를 설계할 나이가 되면 무엇보다도 다른 사람에게 의존하지 말아야 합니다. 스스로 저축하는 습관을 들이면 밤에 베게에 머리를 누이고 편하게 잠들 수 있지요. 앞으로 누구에게도 빚지지 않고 살 수 있으니까요. 어떤 상황에서도 빚을 지지 않는 태도가 부자의 출발점입니다. 빚은 자신의 나태에 대한 합리화일 뿐입니다.

질문 **자녀들이 당신의 재정 습관으로부터 무엇을 배우면 좋겠습니까?**

답변 "분수에 맞게 살아라. 버는 것보다 적게 써라. 베풀어라."입니다.

질문 **제가 당신께 원형그래프를 드린다면 어떻게 지출 항목을 나누시겠습니까?**

답변 10퍼센트 저축,

10퍼센트 기부,

35퍼센트 주택과 생활비,

25퍼센트 식비,

5퍼센트 문화 오락비,

6~10퍼센트 퇴직 자금(연령에 따라 증가),

3~5퍼센트 자녀들의 대학 학자금.

질문 재정 상황이 어떤 식으로 안정을 제공하나요?

답변 얼마나 버는지는 중요하지 않습니다. 얼마나 가지고 있는지가 중요하지요.

질문 자동차를 어떤 식으로 구입하십니까?

답변 매번 현금으로 지불했습니다. 되도록 오래 한 자동차를 타려고 노력하지요. 최소한 8~10년을 탑니다.

질문 돈으로 무엇을 사십니까?

답변 행복은 물건에서 오지 않습니다. 게다가 사람은 더 많은 물건을 소유한다고 해서 더 감사해하지 않지요. 사실 한 유명한 랍비의 말처럼 누구든 "한 번에 한 의자에만 앉을 수 있습니다."

질문 내 집 마련을 얼마나 중요하게 생각하십니까?

답변 여러분의 거주지는 여러분의 신성지역이고 자신의 집이 생기면 마음의 평화를 얻지요. 잔디밭도 한층 부드럽게 느껴집니다. 안전과 안정을 주는 곳이 바로 집입니다. 일자리를 잃고 세금을 내지 못한다 해도 집은 보험 같은 것입니다. 영원토록 그곳에 살 수 있으니까요.

질문 **대박을 터트릴 거라고 믿고 주식이나 뮤추얼 펀드를 사는 사람이 많습니다. 복리를 모르는 사람들에게 어떻게 '투자'를 설명하시겠습니까?**

답변 재산은 천천히 불어납니다. 단시간에 얻은 재산은 물거품처럼 사라지지요. 어느 시대 어느 사회에서건 그것은 불변의 이치입니다. 그러므로 지나친 모험은 금물입니다. 위험도가 높고 성장 가능성도 높은 펀드에 투자할 수는 있지만, 유대의 격언처럼 '승리자는 언제나 거북이' 입니다. 내가 어렸을 적에는 힘을 많이 써야 돈을 벌 수 있었습니다. 밤과 주말에도 열심히 일했어요. 내가 왜 전 재산을 위험성이 높은 투자에다 탕진하지 않았을까요?

질문 **돈은 중요합니다. 무엇 때문에 그렇게 중요한 걸까요?**

답변 돈은 에너지입니다. 기본 욕구를 충족시키고 선택과 기회를 줍니다. 부를 충분히 축적했다면 '내가 일하고 싶은가? 언제 일하고 싶은가? 이 지역의 자선 단체를 도울 것인가? 아니면 세계적인 다른 자선 단체를 도울 것인가?' 등을 선택할 수 있습니다. 그리고 돈은 다음 세대에게 더 많은 기회를 줄 수 있습니다.

16

열여섯 번째 공리

10퍼센트는 자선으로 베풀어라

주는 것은 부자의 임무다.

– **괴테** –

사업이나 재정 분야에서 유력하고 든든한 파트너를 두고 싶지 않은가? 이 파트너가 말이 없고 우주를 당신 편으로 만들 수 있는 존재라면 금상첨화가 아니겠는가? 유대인들의 마음속에는 그런 파트너가 분명히 존재한다. 그가 바로 하나님이다.

당신은 지금껏 이 사실을 깨닫지 못했을 것이다. 유대인들은 하나님을, 우리 모두의 파트너가 되어 우리가 이 땅에 그의 왕국을 세울 수 있기를 바라시는 하나님으로서 가슴 속에 간직한다.

유대 사회에는 '받음의 보편적 원칙'이라는 것이 있다. 이 원칙은 단순하다. 받으려면 먼저 베풀어야 한다는 것이다. 유대교 전통에 따르면 자선은 하늘의 부정적인 명령까지도 바꿀 수 있다고 되어 있다. 유대 사회에서 자선은 단순히 세상과 내 주변 사람들을 향상시키는 정도에 그치지 않는다. 자선을 통해 스스로 향상된다는 사실을 깨닫게 되면 놀라움을 감출 수가 없다.

유대인들은 자신들이 하나님과 손잡고 혼돈에 대비해 울타리를 만든 비결이 바로 자선이었다고 믿는다. 그렇게 자선은 유대인의 삶에 더 많은 축복이 들어올 공간을 만들었다.

베푸는 것은 끝없는 순환 고리이다. 돈을 벌고 베풀면 더 많은 돈이 들어온다는 것이 유대인들이 목숨처럼 지키고 대물림해온 불변의 공리THE AXIOM였다.

자신이 가진 돈을 보호하면서 삶에 더욱 풍요로운 양식을 선사할 수 있는 매우 구체적이고 효과적인 방법이 있다. 바로 10퍼센트 자선이다. 성경이 흔히 십의 일조로 명명하는 바로 그것이다. 십의 일조란 순수익의 10을 베푸는 일을 의미한다. 유대인들은 성서 시대부터 줄곧 십의 일조를 실천했다. 유대인들에게 모든 수입의 최소한 10을 베푸는 것은 본질적으로 돈이 담고 있는 부정적인 에너지를 씻어내는 정화 행위이다. 유대인들은 자신의 삶에 장애와 문제를 일으킬 수 있는 수입 가운데 일부인 10을 그러한 의미로 내놓는다.

수입의 10이 자선 단체나 장학 재단, 종교 단체 혹은 불우한 이웃에 기부되어 한 차원 높은 에너지로 바뀔 때 사회적으로도 더 나은 세상이 창조될 수 있다. 그럼으로써 비로소 남은 90의 자산이 진정한 축복으로 변화하여 더 많은 돈을 벌어들일 수 있는 순환 고리를 완성한다. 일단 자선의 순환을 시작하면 돈을 쉽게 낭비하지 않는 습관이 얻어지는 것도 부인할 수 없는 사실이다.

자선에 관한 유대의 가장 흔한 이야기는 천국과 지옥의 음식 이야기이다.

어떤 여인이 눈 깜빡할 사이에 시간과 공간을 초월해 지옥 문 앞에 당도한다. 전혀 예상치 못한 일이었다. 육중한 검은 문으로 걸어 들어가는 동안 여인은 그곳의 아름다움에 충격을 받았다. 그녀 앞에 펼쳐진 거대한 연회장에는 산해진미로 가득한 긴 식탁이 늘어서 있었다. 지금껏 그렇게 맛있는 음식은 본 적이 없었다.

지옥에 사는 모든 사람이 식탁 둘레에 앉아 있었다. 한 가지 중대한 점만 제외하면 모두 정상인처럼 보였다. 그들은 하나같이 굽혀지지 않는 긴 팔을 가지고 있었다. 손에는 제각기 포크를 쥐고 있었으나 팔이 굽혀지지 않고 너무 긴 탓에 포크를 입에 갖다 댈 수 없었다. 지옥에서 들리는 소리는 그리 유쾌하지 않았다. 사람들은 고통으로 울부짖고 있었다.

이제 여인은 느닷없이 천국으로 이동했다. 그녀 앞에는 환히 빛을 내는 하얀 문이 있었다. 천상의 도시로 걸어 들어가면서 여인은 지옥과 매우 흡사한 광경을 보고 흠칫 놀랐다. 그곳에는 조금 전에 본 것과 별반 다르지 않은 식탁이 놓여 있었다. 음식도 기가 막힐 만큼 비슷해보였다. 식탁으로 다가가자 지옥과 똑같은 모습의 사람들이 둘레에 앉아 있었다. 모두 팔이 길었고 팔꿈치가 없었으며 제각기 포크를 들고 있었다. 하지만 천국의 소리는 사뭇 달랐다. 사람들이 소리 내어 웃으며 노래를 부르고 있었다. 긴 팔이 전혀 쓸모없지 않다는 사실을 깨달았기 때문이다. 사람들은 자기 포크로 음식을 집어 식탁 건너편으로 내밀었다. 한 가지 점만 제외하면 상황은 크게 다르지 않았다. 천국의 사람들은 서로 음식을 먹여주었다.

이 이야기로 유대인들은 가장 흥미로운 재정 법칙이 자선의 법칙임을 강조한다. 수학적으로 계산하면 재산이 100달러인데 10달러를 내놓으면 90달러가 남는다. 하지만 자선을 베풀 때 그것은 자신에게 되돌아와 축복이 된다는 것이 유대인들이 이해하는 우주의 질서이다.

히브리어로 체다카Tzedakah | 자선는 정의를 뜻하는 체데크tzedek에서 유래했다. 따라서 병원이나 교회, 혹은 본인이 가장 중요시하는 대의명분에 기부해 자선을 베푸는 것은 세상을 더 나은 곳으로 만드는 데 그치지 않는다. 그것은 세상에 정의를 가져다주는 위치에 서서 하나님과 최대한 비슷한 존재로 거듭나는 행동이다. 그것이 유대인들이 알고 있는 자선이다.

유대인들이 아는 한, 자선을 베푸는 것만큼 스스로에게 힘을 주고 더 나은 사람으로 변화시키는 강력한 무기는 없다. 당신 역시 자선을 베푸는 생활로 스스로의 영혼에 힘을 불어넣으며 재정 독립의 길을 닦아보지 않겠는가?

열여섯 번째
공리
실천법

수입의 10퍼센트 자선은
돈에서 부정적인 에너지를 씻어낸다.

자선이란 단순히 어떤 단체에 돈을 기부하는 행동을 의미하지 않는다. 자선은 당신의 영혼에 질서를 부여하고 우주에 정의를 선사한다.

17

열일곱 번째 공리

열 살부터
돈을 가르쳐라

어린아이를 존중하고, 과보호하지 말며, 그의 고독을 침범하지 말라.

– 에머슨 –

온 가족이 동일한 여우 굴에 있지 않다면 전쟁은커녕 단 한 차례의 전투도 치르기 어려울 것이다. 살면서 치러야 하는 전투들은 매번 가족이 같은 배를 탔다는 사실을 깨닫게 해준다. 부모로서 당신의 역할은 자녀들에게 전투의 최전선, 즉 실제 상황의 경험을 선사하는 일이다.

많은 사람들이 어린 시절 거리나 공원, 혹은 학교 가는 길에 동전을 주워본 경험이 있을 것이다. 그런데 10센트나 50센트짜리 동전을 주워 엄마나 아빠에게 보여주면 부모님은 곧장 아이에게 얼른 가서 손을 씻으라고 말한다.

"돈은 더러운 거야!"

그러한 기억은 무의식 속에 새겨지면서 돈은 그렇게 더러운 것이라는 이미지를 가지고 성장하게 된다. 그러고 보면 많은 사람들이 돈에 대해 그토록 부정적이고 패배주의적인 인식을 갖게 되는 것도 그리 놀랄 만한 일이 아니다. 보통 사람들의 마음 깊숙한 곳을 들여다보면 그처럼 돈은 더러운 것이라는 의식이 깔려 있는 것이다. 결국 그것은 그들이 돈에 대해 들었던 첫 번째 정의로 자리 잡는다.

유대 전통은 아이들에게 히브리어 알파벳을 가르칠 때 글자에 꿀을 발라 그것을 빨아먹으면서 익히도록 한다. 히브리어 알파벳을 배우는 일은 그리 녹록치가 않다. 그렇기 때문에 아이들에게 학습과 관련된 달콤한 기억을 선사하기 위해 유대인들은 아이들이 글자를 배우면서 꿀의 달콤함을 맛보도록 가르친다. 이런 전통에 따라 공부를 시작한 수많은 유대의 아이들은 배우는 경험과 교육이란 언제나 달콤하고 긍정적이라는 기억을 떠올린다.

유대인들은 돈을 다루고 관리하는 측면에서도 아이들에게 이와 똑같은 경험을 제공함으로써 품성과 개인의 책임을 키워줄 수 있다고 믿는다. 유대인들이 주로 활용하는 방법은 집안일을 할당하는 일이다.

집안일이란 가족을 돕는 일뿐만 아니라, 자녀가 자기 스스로를 돌보며 간혹 행하는 선행으로까지 개념이 확대되어야 한다. 유대인들은 우리의 몸이 우리의 사원이며, 따라서 우리는 그것을 하나님에게 잠시 빌린 것이라는 인식을 가지고 있다. 예컨대 만일 당신이 내게 당신의 자동차 앞 유리를 깨트려달라고 부탁한다면 그것은 당신의 책임이다. 당신이 내게 부탁했으니 말이다. 반면 그럴 리는 없겠지만 당신으로부터 당신의 팔을 부러트려달라는 부탁을 받고 내가 거기에 따랐다면 그것은 나의 책임이 된다. 당신의 팔을 부러트리는 것은 당신의 소유가 아닌 것을 파괴한 것이기 때문이다. 팔은 하나님에게 빌린 몸의 일부이다. 우리의 몸은 존재를 담고 있는 그릇이다. 하나님은 우리에게 물리적인 형태로 이 몸을 빌려주었다. 그러므로 우리는 자신의 몸을 스스로 보살피면서 신이 주신 이 선물에 감사를 표현해야 한다. 그래서 자녀가 자기 스스로를 돌보게 하는 것도 부모가 자녀에게 가르쳐야 할 집안일 중의 하나가 된다.

아이들은 어린 시절부터 자신을 사랑하는 법을 배워야 하며, 양치질을 하고, 옷을 입고, 머리를 빗는 일 등 사소하게 보이는 행위를 통해서도 그것을 배운다. 그럼으로써 청년으로 성장할 때 자신의 몸을 더욱 아끼고 소중히 여기는 태도를 기를 수 있으며, 다른 사람을 사랑할 준비도 갖출 수 있게 된다.

유대인들은 어린 아이들이 다섯 살 정도가 되면 가벼운 집안일은 물론이고 자기 몸을 스스로 보살피는 일쯤은 충분히 할 수 있다고 믿으며 그렇게 가르친다. 그 나이의 어린 아이들에게는 돈이나 물건으로 보상하기보다는 칭찬이나 즐거운 놀이를 통한 영광스러운 느낌 갖게 하기, 혹은 자기 일을 마무리할 수 있는 특권을 주는 방식의 보상이 어울릴 것이다. 이를 테면 잠자기 전에 책을 더 많이 읽어주거나 유치원에 입고 갈 옷을 스스로 선택하도록 허락하는 식으로 말이다. 그 정도로도 메시지는 명확하게 전달된다. 옳은 일을 했을 때 자신에게 좋은 일이 일어난다는 메시지 말이다. 아이는 받을 자격이 있어서가 아니라 해야 할 일을 마쳤기 때문에 특별한 놀이 시간을 얻었음을 이해할 것이다. 이것이 바로 자녀들의 영혼에 심어야 할 건강한 씨앗이다.

아이들이 열 살쯤 되어 요리나 설거지, 빨래, 세차 같은 어른들의 일을 충분히 도울 나이가 되면 그러한 행동에 대해 금전적인 보상을 시작할 필요가 있다. 유대인들은 이때부터 아이가 열두 살이 될 때까지 매년 용돈을 조금씩 올려준다. 그렇게 하면 아이들은 자신의 놀이 비용과 소비를 관리할 수 있게 되는데 이때 유대인들은 아이들에게 살면서 베풀어야 할 자선에 대해서도 가르치기 시작한다. 아이들이 배울 점은 명확하다. 자신의 돈은 자기 스스로 균형을 맞추어야 한다는 사실이다. 아이들은 한 달 용돈이 30달러가 넘으면 훌륭한 관리자가 되는 법을 배우기 시작한다. 나의 경우를 보아도 이것은 대학에서 배운 지식보다 소중한 교훈이었다. 나 역시 그러한 방식으로 돈을 배우며 자랐다.

내가 어렸을 적 나의 친구들은 모두 아타리Atari라는 비디오 게임을 가지고 있었다. 너무도 흥미진진해 보이는 그 게임기에 현혹되었던 나는 아버지에게 사달라고 졸랐다. 지금 돌이켜보면 그 때 아버지는 충분히 내게 그 게임기를 사줄 수 있었다. 아버지는 내가 태어난 브라질의 모든 유명 체인점에 의류를 납품하는 제조업체를 비롯해, 여러 개의 사업체를 소유한 사업가였기 때문이다. 하지만 아버지는 내게 이렇게 말했다.

"아타리 대신 구제 옷을 무한대로 주마. 그걸 팔아서 생기는 수익을 모두 가져도 좋다. 그 돈으로 네가 직접 아타리를 사거라."

나는 친구들과 아버지 공장의 주변 지역으로 옷을 팔러 나섰다. 우리는 일주일도 채 지나지 않아 주변 지역을 훑다시피 하며 구제 옷을 모조리 팔아치웠다. 그리고 석 주 만에 나는 아타리와 몇 가지 게임을 샀다. 우리는 서로 똑같은 게임을 사지 말자고 합의했다.

넷째 주가 끝날 무렵 옷 파는 일을 그만두었을 때 나와 친구들이 가진 비디오 게임은 서른 가지가 넘었다. 우리 주변에 이보다 더 많은 게임을 가진 사람은 없었다. 그래서 학교 친구들에게 게임을 대여하기 시작했다. 내가 성인식을 치르기도 전의 일이었다.

너무 어려서 경제를 배우지 못할 아이는 없다. 신용 카드 회사보다는 부모가 직접 아이들에게 경제를 가르치는 편이 낫지 않겠는가? 내가 지금 이 책을 쓰는 이유도 경제가 중요한 주제이기 때문이다. 그리고 나는 요즘 하나님의 방식에 따라 재정을 관리하는 법을 가르치는 어린이 대상 경제교육 과정을 개발하는 중이다.

앞서 언급했듯이 유대인이라는 단어는 감사를 뜻하는 토다todah에서 유래했다. 여러 가지 감사 기도를 배우면서 자라는 탓에 유대인은 어린 시절부터 감사의 의미를 잘 알고 있다. 세상을 더 긍정적인 측면에서 생각하는 능력을 얻고 우주의 이치와 더 조화로운 균형을 맞추는 삶을 사는 데는 이런 감사할 줄 아는 교육이 꼭 필요하리라고 본다.

내가 지금껏 설명한 내용은 어쩌면 모두 감사의 기술인지도 모른다. '고맙습니다' 라고 말할 때마다 우리는 누군가가 우리를 위해 무언가를 베풀었다는 사실을 인정하는 한편, 우리 역시 그 사람의 삶에 빛을 선사하게 된다. 내가 고맙다는 말을 건넬 때 오히려 고맙다고 말하는 사람은 한두 사람이 아니다. 감사하는 사람들이 무척 많다는 뜻이다.

유대교에는 초승달을 축하하는 기도, 손을 씻을 때 하는 기도, 그리고 무지개를 볼 때 하는 기도가 있다. 감사는 소방관이 당신의 목숨을 구했을 때나 거리에서 타이어에 펑크가 나서 누군가로부터 도움을 받았을 때만 하는 일이 아니다. 당신이 매일 만나는 사람과 사소한 일에도 감사해야 한다. 우리는 고마운 사람들이 없을 때나 세상이 제대로 돌아가지 않을 때에야 비로소 그들의 소중함을 깨닫는 듯하다.

지금 당장 주변을 돌아보고 얼마나 많은 전등이 켜져 있고 얼마나 많은 전자제품이 움직이고 있는지 생각해보라. 그 모든 물건 뒤에는 그것을 만들고 전력을 제공하기 위해 일하는 사람들이 있다. 우리는 대개 정전이 일어났을 때만 전기에 대해 생각한다. 그럴 때마다 우리는 머릿속으로 전기 회사에 근무하는 사람들이 99퍼센트의 시간 동안 얼마나 유능했나보다는 얼마나 무능했나를 생각하게 된다.

우리의 몸만 훑어보아도 몸은 끊임없이 혈액순환 작용을 벌이고 있고, 끊임없이 재생되고 있음을 알 수 있다. 매일 매순간 창조의 기적이 우리 몸 안에서 일어나고 있는 것이다. 마땅히 감사해야 할 일이다.

우리의 소중한 아이들에게 이런 가치관을 불어넣는 것은 그들이 장차 부의 순환 고리와 연결될 수 있는 놀라운 씨앗을 심는 일이다. 부모가 먼저 긍정적이고 감사하는 태도를 가지면 부모 자신의 삶을 향상시키는 것은 물론이고 아이들에게 물려주고 싶은 에너지를 몸소 보여줄 수가 있다. 대부분의 사람들의 영혼에는 이런 에너지가 부족하다. 그런 만큼 이 에너지에는 다른 사람들을 매료시킬 수 있는 강력한 잠재력이 있다.

열일곱 번째 공리 실천법

아이들에게 책임감을 가지고 돈을 관리하고
일상의 선물에 감사하는 법을 가르치는 것이야말로
물려줄 수 있는 가장 중요한 유산이다.

아이들에게 열 살 이후부터 돈을 가르치고,
열두 살 이후에는 용돈을 직접 벌어서 쓰도록 도와주어라.

18

열여덟 번째 공리

행운은 스스로 만드는 것이다

가장 큰 불운은 지나간 행운을 다시 생각하는 것이다.

– **초서** –

지금까지 유대인들이 목숨처럼 지켜온 돈의 공리, 즉 부를 얻기 위한 모든 진리를 배웠다.

핵심적인 공리들은 이런 것들이다.

❖ 하루라도 빨리 빚을 청산하라.

❖ 살롬 펀드를 마련하라.

❖ 수입의 일부(10분의 1)를 자선으로 베풀어라.

❖ 자녀의 미래 학자금을 준비하라.

❖ 종신 보험 대신 기간 한정 보험에 가입하라.

이렇게 해서 당신은 유대인들이 그랬던 것처럼 당신에게 부를 선사할 생활방식을 택하기로 했다. 당신은 항상 꿈꾸던 명품을 이제 충분한 여유 자금이 있을 때 현금으로 구입하기로 마음먹었다. 내면의 야수를 길들이고 열 가지 폐해를 추방하기로 했다. 이제 다시 빚의 노예로 전락할 일 따위는 없을 것이다.

이제 돈에 관한 마지막 교훈을 이야기하기로 하자.

성서 시대에는 두 가지 화폐가 존재했다.

하나는 세겔shekel이었는데, 무게로서 금의 가치를 대신했다. 또 다른 화폐는 주즈zuz였는데, 이는 지구의 순환 운동에서 유래한 것으로 금이나 은의 가치와는 무관했다. 주즈에는 고유한 가치가 있었다. '아멘' 이라는 단어가 주즈에 새겨져 있었는데, 이는 '주님은 믿을 수 있다' 는 의미의 히브리어 '엘 멜레치 네맨El Melech Neeman' 의 머리글자로 오늘날 미국의 지폐에서 볼 수 있는 '하나님을 믿는다In God We Trust' 의 어원이 되었다.

하나님이야말로 독자적으로 지폐의 가치를 보장할 수 있는 최고의 왕이라는 이 개념은 하나님의 중요성이 아니라 고대 이스라엘 사람들의 삶에서 하나님이 차지하는 비중을 나타낸다. 고대 이스라엘 사람들이 금괴보다 종잇조각을 더 선호했다는 사실에서 우리는 하나님이 우리를 위해 정해놓은 방식을 따르는 것이 믿음이라는 사실을 배우게 된다. 고대 이스라엘 사람들은 우리와 똑같이 종이돈을 사용하면서 하나님의 방식과 자신의 운명, 그리고 좋을 때나 나쁠 때나 돈을 투자하는 미래에 대한 믿음을 받아들였다. 하나님이 약속을 반드시 지키리라는 사실을 알았기 때문이다.

가족을 위해 기꺼이 희생하고 더 나은 미래를 위해 라이프스타일을 바꿀 목적으로 매진하는 것은 탐욕이 아닌 믿음의 행위이다. 이제 당신은 재정적인 부채라는 당신의 이집트에서 떠나야 한다는 사실을 알고 있다. 부라는 약속의 땅을 향해 당신이 사막을 건너는 여행을 즐기기를 기도한다. 이 책에서 배운 것으로 가족에게 부를 안기고 이웃을 구할 수 있길 간절히 바란다. 당신에게 행운이 함께 하기 바란다.

유대인들은 행운이라는 개념을 창조했다. 행운을 의미하는 히브리어 마젤mazel은 사실 단어가 아니라 머리글자이다.

1. makom = 장소
2. zman = 시간
3. lamud = 일

행운을 얻으려면 올바른 시간과 올바른 장소에서 자신의 손으로 노동과 재능을 보여주어야 한다는 의미이다. 행운은 우연이나 확률, 혹은 수적인 요인이 아니라고 조물주는 말한다. 그것은 자신의 땅을 창조하고 더 원대한 목적에 따라 그 땅의 소유물의 주인이 되는 일이다. 자기 자신의 지배자가 되려면 즉각적인 만족에 이끌리지 않아야 하며, 그것이 최고의 왕이 당신에게 거는 궁극적인 기대이다. 이 정도면 행운의 의미를 구체적으로 설명한 것 같다.

"행운을 달라고 기도하기보다는 직접 행운을 창조하라."

당신의 모든 날이 최고의 왕El Melech Neeman의 인도를 받고 행운을 얻으며, 그 축복을 다시 다른 사람들을 축복하는 데 쓰기를 기도한다.

감사의 말

친절하게도 많은 사람들이 자신이 직접 얻은 교훈은 물론이고, 자신의 승리와 패배를 이 책에서 공유했으며, 나는 이 사실에 깊이 감사한다. 젊은 시절부터 나의 길잡이가 되어준 랍비들이 많았지만, 하늘과 땅의 이치와 그것이 우리 삶에 미치는 심오한 영향을 가르쳐주었던 랍비 아브라함 립스커Avraham Lipsker에게 나는 특히 고마운 마음을 전하고 싶다. 나의 신자인 마셜 로치Marsahll Rauch와 그의 아내 진Jeanne은 내가 20대 청년일 때부터 개인 재무관리와 부를 쌓는 목적에 관해 본인들이 얻은 지혜를 고스란히 전해주었다. 찰스 피커링Charles Pickering 판사는 30대로 접어든 내게 자랑스러운 미국인으로 거듭나는 방법을 가르쳐주었다. 30대 후반에는 래리와 샌디 허드슨Larry & Sandy Hudson 부부를 만났고, 두 사람은 개인적으로 가슴 아픈 일을 겪는 와중에도 언제나 자신들의 재능과 시간을 내게 아낌없이 베풀었다. 이제 40대에 접어든 나는 그동안 훌륭한 친구들이 나를 든든히 지지해주었음을 알고 있다. 이들 가운데 많은 사람이 이 책의 탄생에 도움을 주었다. 이 모든 이들에게 깊이 감사드린다.